O CORPO FALA
NO TRABALHO
ILUSTRADO

Dados Internacionais de Catalogação na Publicação (CIP)
(Câmara Brasileira do Livro, SP, Brasil)

Matschnig, Monika
O corpo fala no trabalho : ilustrado : como convencer e cativar os outros / Monika Matschnig ; tradução de Fernanda Romero Fernandes Engel. – Petrópolis, RJ : Vozes, 2015.

Título original: Körpersprache im Beruf : wie Sie andere überzeugen und begeistern

Bibliografia

ISBN 978-85-326-5076-4

1. Comunicação não verbal no local de trabalho 2. Linguagem corporal 3. Sucesso profissional I. Título.

15-05811 CDD-153.69

Índices para catálogo sistemático:

1. Linguagem corporal : Técnicas para aprimorar : relacionamentos pessoais e profissionais : Psicologia   153.69

Monika Matschnig

O CORPO FALA
NO TRABALHO
ILUSTRADO

Tradução de Fernanda Romero Fernandes Engel

VOZES

© 2007 by Gräfe und Unzer Verlag GmbH

Título do original alemão: *Körpersprache im Beruf – Wie Sie andere überzeugen und begeistern*, by Monika Matschnig

Direitos de publicação em língua portuguesa – Brasil:
2015, Editora Vozes Ltda.
Rua Frei Luís, 100
25689-900 Petrópolis, RJ
www.vozes.com.br
Brasil

Todos os direitos reservados. Nenhuma parte desta obra poderá ser reproduzida ou transmitida por qualquer forma e/ou quaisquer meios (eletrônico ou mecânico, incluindo fotocópia e gravação) ou arquivada em qualquer sistema ou banco de dados sem permissão escrita da editora.

Diretor editorial
Frei Antônio Moser

Editores
Aline dos Santos Carneiro
José Maria da Silva
Lídio Peretti
Marilac Loraine Oleniki

Secretário executivo
João Batista Kreuch

Editoração: Maria da Conceição B. de Sousa
Projeto gráfico: Renate Hutt
Composição: Ute Fründt
Arte-finalização de miolo: Alex M. da Silva
Capa: independent Medien-Design, Horst Moser
Arte-finalização de capa: Jardim Objeto
Fotos: Astrid Obert

ISBN 978-85-326-5076-4 (Brasil)
ISBN 978-3-8338-2381-7 (Alemanha)

Editado conforme o novo acordo ortográfico.

Este livro foi composto e impresso pela Editora Vozes Ltda.

Prefácio 7

O sucesso começa na linguagem corporal 11

O corpo sempre fala 12
Convencendo com a linguagem corporal certa 13
Cada corpo fala do seu jeito 15
Decifrando corretamente a linguagem corporal ... 17
Um termômetro da verdade 21
Usando os sinais não verbais a seu favor 30

Linguagem corporal na entrevista de emprego 38
Bom preparo é o melhor requisito 39
Primeira impressão? Aqui é decisiva! 44
Torne-se o favorito 50
Especial: a foto ideal de candidato 62

Linguagem corporal para uma boa convivência 65

Linguagem corporal entre colegas 66
Entendimento sem hierarquia 67
Trabalho em equipe – mesmo sem palavras 75
Sinais nítidos e expressões claras 82
Especial: Elevador esclarecedor 90
Linguagem corporal masculina e feminina 92
Especial: As pessoas são o que vestem 102

Linguagem corporal no *networking* 104
Como construir sua rede de contatos 105
Autoconfiante em terreno desconhecido 111
Especial: Mídias sociais e linguagem corporal .117

Linguagem corporal internacional 118
Presença soberana ao redor do globo 119
Cumprimento: o primeiro desafio 123
Outro país, outros sinais 127

Motivando e convencendo com a linguagem corporal 141

Linguagem corporal em apresentações ...142
Convencendo desde o início 143
O medo de holofotes ajuda no sucesso 150
Para a apresentação ser perfeita 156

Linguagem corporal nas vendas 160
O *como* vende *o quê* 161
Visão do próprio *status* – um pequeno recurso para o sucesso 164

Linguagem corporal dos líderes de sucesso 166
Os líderes de hoje – uma "marca" 167
Liderar significa comunicar-se adequadamente ..172
Carisma – cativando com sua presença 185

Referências 196
Índice remissivo 197

Prefácio

Confesso: quando pisei em um palco pela primeira vez para apresentar uma palestra, fiz praticamente tudo de errado que é possível no quesito da linguagem corporal. Graças ao meu nervosismo, dei passos pequenos e rápidos até a tribuna, procurei o trecho de abertura na bagunça dos meus documentos e, em dado momento, iniciei a apresentação gaguejando. Evitei ao máximo o contato visual com o público, encarando ora a parede traseira do salão, ora o meu material. Ao comentar um *slide*, dava as costas para o público, virando-me para a imagem projetada e continuando a falar. Trocava de posição mais ou menos a cada trinta segundos. Minhas mãos agarravam o púlpito ou executavam gestos caóticos que sublinhavam algo em especial: o meu medo do palco. É claro que o meu rosto também dizia muito, e irradiava tudo, menos soberania e serenidade. Resumindo: em uma competição de linguagem corporal ideal, sequer teria sido convocada para a próxima etapa, e certamente não teria

chegado ao pódio. Apesar disso, é verdade que não recebi vaias depois da apresentação – tampouco aplausos assim tão sinceros. É bem provável que no dia seguinte os espectadores já tenham se esquecido de mim e do que apresentei. E não fui tomada por qualquer sensação de êxito.

Essa foi, porém, uma noite enriquecedora, pois reconheci: quando me sinto mal em uma situação como essa e os ouvintes o notam, eles também não se sentem bem. E assim minha apresentação não os tocará e tampouco entusiasmará. O que vale para apresentações e palestras também se aplica a todos os âmbitos da vida profissional. Eis uma fórmula simples: não sou capaz de convencer ninguém se eu mesma não irradio convicção. Enquanto minha presença e a maneira como me apresento não transmitirem uma imagem soberana, competente e autêntica, ninguém me verá como soberana, competente e autêntica.

Como consequência da minha estreia malsucedida como palestrante, estabeleci uma meta para mim mesma: que as minhas mensagens, ideias e propostas fossem recebidas e aceitas no futuro. Para tal, era necessário trabalhar principalmente no efeito que causava, para assumir presença autoconfiante, enérgica e convincente. Estava claro que isso exigiria muito treino – mas também que o esforço valeria a pena. Pois quem fala uma linguagem corporal simpática e usa os gestos e as expressões faciais certas – e também sabe reconhecê-las nos outros – alcança seus objetivos profissionais com bem mais facilidade. Isso sempre se confirmou na minha própria trajetória, fazendo-me progredir.

Será uma grande satisfação que você também use essa fórmula de sucesso a seu favor e aplique os muitos conceitos e auxílios que há neste livro – próprios para todas as áreas da vida profissional moderna: para superar de forma soberana os desafios de uma entrevista profissional. Para lidar corretamente com os tropeços, deslizes e chances que a comunicação verbal e não verbal entre colegas pode trazer. Para usar a própria linguagem corporal com eficiência para a construção de uma rede de contatos. E também para se sair bem no ambiente internacional de negócios. Para lançar uma luz perfeita sobre você mesmo e o assunto tratado durante palestras e apresentações. Para um vocabulário ideal da linguagem corporal durante negociações e vendas. E, por fim, para revelar em você o segredo da linguagem corporal dos líderes de sucesso.

Espero que goste da leitura.

Monika Matschnig

O sucesso começa na linguagem corporal

Quem não gostaria de ser bem-sucedido na vida profissional? De ser visto de forma positiva? De alcançar suas metas? Para isso, faz muito tempo que só competência técnica deixou de bastar. Para convencer e entusiasmar, o corpo precisa transmitir a mensagem correta – com gestos, expressões e a postura como um todo.

O corpo sempre fala

Na vida profissional, desde sempre só uma coisa importa: vender. Sejam serviços, produtos ou ideias. O objetivo sempre é convencer alguém de que precisa de qualquer jeito do bem material ou imaterial que oferecemos. Para despertar a cobiça, lançamos mão de recursos comprovados, como apelo emocional ou argumentos objetivos. E se no passado as discussões de negócios transcorriam dentro de limites bastante previsíveis, hoje praticamente não há fronteiras.

A esse contexto ainda somou-se um fator de sucesso que ganha cada vez mais importância. Há tempos deixou de se tratar de vender uma mercadoria. O grande desafio do cotidiano profissional moderno diz bem mais respeito a vender-se bem, e por esse caminho fechar os negócios. Mas o que significa vender-se bem? E ainda mais importante: Como vender-se da forma ideal? É evidente que a competência técnica e o *know-how* são pressupostos importantes, pois quem não domina o seu ofício sequer é capaz de convencer. Mas em tempos de pressão crescente da concorrência, o sucesso ou o fracasso do negócio dependem menos do que é vendido e mais da forma como é divulgado e oferecido. Ou dizendo melhor: da maneira como o vendedor de um produto ou ideia faz a apresentação deles e de si próprio. Ele deve, portanto, convencer o mais rápido possível com a primeira impressão e o efeito que ele próprio causa sobre o interlocutor.

Convencendo com a linguagem corporal certa

As influências visuais têm papel cada vez mais decisivo sobre as nossas decisões cotidianas. Um exemplo disso é a política. Por muito tempo, o parâmetro de qualidade decisivo dos representantes populares foi o conteúdo das suas propostas, mas esse critério primeiro foi estendido ao seu talento comunicativo e depois à sua aptidão de se apresentar. Nesse processo, duelos públicos televisivos entre os principais candidatos passaram a fazer parte da programação-padrão das disputas eleitorais, com contribuição decisiva para o desfecho das competições políticas. Funciona de forma parecida nas empresas privadas. Se antes os empreendedores e diretores de companhias atuavam com relativo anonimato, nesse meio tempo passou a se exigir que os representantes se mostrem ao olho público. A exigência é sempre a mesma: para o efeito desejado, a presença deve impressionar.

O cerne do sucesso

A despeito da globalização, da interação por redes virtuais e outros, o efeito que causamos segue sendo determinado por um aspecto bastante simples: se parecemos ou não simpáticos para o interlocutor. O subconsciente decide instintivamente a resposta para essa pergunta. Quem garante a simpatia é a nossa presença – que é definida em mais de 80% pela linguagem corporal. Mas o que significa exatamente linguagem corporal? Exatamente: falar sem palavras – comunicação não verbal. Nós o fazemos por todos os movimentos conscientes e inconscientes expressos na postura corporal, no gestual, na expressão facial e na voz. De maneira geral, a comunicação baseia-se nos planos objetivo e inter-relacional. Enquanto o plano objetivo transmite informações concretas e realiza-se quase apenas verbalmente, o plano inter-relacional é determinado por sentimentos e conexões emocionais, expressas sobretudo de forma não verbal. Quer dizer: mesmo sem dizer nada, você continua se comunicando com o interlocutor. Seus olhos, mãos, pernas e postura corporal transmitem sinais. Você parece interessado ou entediado, relaxado ou estressado, aberto ou fechado, simpático ou agressivo.

Grande parte de tais mensagens são enviadas de maneira inconsciente, sem perceber e também sem querer. Mas o corpo não mente. Ele reforça as suas afirmações verbais, ou então transmite sinais contraditórios visíveis para todos. Por isso não surpreende que muitas empresas deem atenção especial à linguagem corporal dos candidatos durante entrevistas de emprego (a partir da pág. 50). Pois os pretendentes, que oportunamente "enfeitam" um pouco seus currículos e experiências, geralmente revelam pontos fracos por seu gestual, expressão facial e postura corporal.

Linguagem corporal – o cartão pessoal de visitas

É fácil explicar por que nossa linguagem corporal revela mais sobre nossa personalidade que mil palavras. Pensamentos e linguagem corporal são uma unidade indissociável, e influenciam-se mutuamente. Sendo assim, não é só o nosso estado de espírito momentâneo que transparece em nosso comportamento. As experiências que acumulamos ao longo da vida também se imprimem na postura, no gestual e na expressão facial. O corpo é quase um espelho da alma, e um cartão de visitas pessoal que revela o nosso interior. Mas de maneira alguma isso quer dizer que precisemos controlar ininterruptamente nossa linguagem corporal para sermos bem-sucedidos na vida profissional. Isso depende mais da realização da comunicação verbal e não verbal no mesmo plano. Nossas palavras devem ser confirmadas por nosso comportamento, de forma a transmitirmos uma única mensagem por ambos.

Não restam dúvidas de que uma pessoa está enfurecida quando ela bate com o punho na mesa enquanto esbraveja. Da mesma forma como esperamos uma expressão facial alegre de um amigo que afirma estar contente em nos ver. E se uma criança chora amargamente por ter perdido seu bicho de pelúcia, sua tristeza nos convence de imediato.

Às vezes nossa linguagem corporal é capaz até de substituir totalmente as palavras. Basta se lembrar de dois sinais especialmente importantes: balançar a cabeça na vertical e na horizontal, para expressar concordância ou negação. Sem sequer uma palavra, todos sabem de pronto e com absoluta certeza o que queremos dizer.

Atente para a autenticidade

Também é recomendável evitar discrepância entre os sinais que o corpo envia e o que é dito verbalmente. Tal contradição resulta de dizermos algo que não pensamos ou sentimos realmente. Talvez porque queiramos corresponder a uma expectativa ou nos livrar de uma discussão desagradável. Mas é preciso deixar claro: não somos capazes de controlar conscientemente a linguagem corporal. Isso não quer dizer que o nosso comportamento revele exatamente o que tentamos ocultar com palavras. Mas é possível interpretar no corpo se estamos manifestando nossos verdadeiros e sinceros pensamentos. Por essa razão, procure seguir a regra de não simular nada com palavras ou com a linguagem corporal se não quiser provocar uma impressão artificial e, consequentemente, negativa.

Mostre o que está dizendo

Quando uma pessoa oferece ajuda, isso pressupõe disposição real a agir. Se ela se mantiver de braços cruzados na nossa frente, esse gesto sugerirá exatamente o contrário. Ou: se alguém fala de sentimentos fortes, esperamos um comportamento correspondente. Se suas emoções se agitam, seu corpo também se alterará.

Explicando de outra forma: quando as palavras de uma pessoa transmitem uma mensagem diferente da que expressa sua linguagem corporal, ficamos desconfiados. Indivíduos assim parecem insinceros, e por isso, geralmente também antipáticos.

Cada corpo fala do seu jeito

Se a linguagem corporal funciona de forma tão instintiva, ela também é única na mesma medida. Por mais que todos os indivíduos usem o mesmo "vocabulário" de sinais, gestos e expressões faciais, cada corpo fala a sua própria língua. Isso se deve sobretudo ao fato de ser usada mais ou menos intensivamente como porta-voz – dependendo do grau de extroversão ou introversão de cada um ou do ambiente cultural a que pertence. Evidentemente é possível otimizar a linguagem corporal para, por exemplo, dar um pouco mais de vida a uma natureza de inclinação mais retraída e tímida, ou para conter-se um pouco se você normalmente "fala" com o corpo de maneira muito expressiva. Mas uma coisa é preciso ter sempre em mente: adaptar ou copiar uma linguagem corporal "estranha" não mudará em nada a maneira como você é visto ou a sua personalidade. A consequência será uma só: você não parecerá autêntico, e isso inspira tudo menos confiança.

A linguagem corporal influencia os sentimentos

Sendo assim, não podemos influenciar nossa personalidade simplesmente nos apropriando de outros gestos e de uma expressão facial "estranhos", que não combinam conosco. Porém, isso não quer dizer que nossa linguagem corporal não tenha influência nenhuma sobre o nosso estado interior. Na verdade, nossos pensamentos e nossa postura corporal constituem uma unidade indissociável. Nossas sensações refletem-se automaticamente na língua do nosso corpo, e cada sinal não verbal influencia, por sua vez, nossos pensamentos e sentimentos.

Pesquisas científicas demonstraram que uma postura corporal curvada estimula a depressão e o desânimo, por exemplo. Em nosso ambiente cultural, abanar afirmativamente a cabeça produz pensamentos de concordância, enquanto sacudi-la na horizontal gera pensamentos de negação. Resumindo: sentimentos ou pensamentos podem despertar expressões corporais. E, por sua vez, determinada postura corporal pode provocar sentimentos ou bloquear pensamentos. Faça você mesmo o teste:

› Imagine que você tenha recebido uma notícia triste. Você se senta, abatido e totalmente sem forças, de ombros derrubados, cabeça baixa e cantos da boca caídos. Sente automaticamente um fardo pesar sobre sua nuca. Então tente formular um pensamento positivo nessa postura. Isso mal será possível.

› E agora o contrário: endireite-se, peito para fora, topo da cabeça para cima, olhando para frente e com um sorriso nos lábios. Inspire profundamente e tente agora pensar em algo negativo. Você não conseguirá.

› Erga as sobrancelhas o mais alto que puder, arregalando muito os olhos, e tente se sentir e parecer furioso. Provavelmente será inevitável rir de si mesmo durante essa tentativa frustrada. Por outro lado, é muito fácil demonstrar aborrecimento quando contraímos as sobrancelhas.

› Cerre os dentes com força e, ao mesmo tempo, tente pensar positivo. Praticamente impossível, não é?!

Como esse mecanismo funciona exatamente? Muito simples: nosso corpo associa determinados sentimentos a determinados sinais corporais. Com um movimento muscular correspondente, nosso sistema hormonal é ativado, fazendo com que uma expressão corporal realmente exerça efeito sobre nosso humor. Se os cantos da boca apontam para cima como quando sorrimos, nosso cérebro pensa que estamos felizes, e secreta hormônios da felicidade.

O corpo se trai

Podemos exercer influência tanto sobre nossos pensamentos quanto sobre a postura corporal. Pensamentos positivos têm efeito positivo equivalente sobre nossa linguagem corporal. Esse efeito favorável deve ser usado a seu favor sempre que possível.

Pessoas que estão mentalmente em paz consigo próprias são reconhecíveis, por exemplo, por sua postura corporal ereta e um olhar aberto que encara o que está ao redor. Por sua vez, alguém que está aflito ou com sentimentos negativos deixa os ombros caírem para frente e o olhar desviar-se para o chão. Isso é algo que você também deve ter em mente.

Pensamentos influenciam a linguagem corporal

Mas não só é possível influenciar nosso humor com a ajuda da linguagem corporal, para nos motivar, por exemplo. O efeito inverso também é importante, mesmo que mais difícil de sugestionar. Nossos pensamentos têm forte influência sobre a linguagem corporal, e com isso, sobre nossa imagem exterior. Um mecanismo que também devemos observar e usar a nosso favor – também para o sucesso profissional. É nada mais do que fazem os atletas de alto nível, por exemplo, que preparam sua mente intensivamente para a vitória e alcançam sua meta diante dos olhos mentais antes sequer de largarem, assim por dizer. E na vida cotidiana sempre verificamos: com um pouco de higiene mental sentimo-nos melhor, irradiamos automaticamente mais competência, conseguimos marcar logo de cara mais pontos positivos no quesito simpatia e dominar com mais eficácia um eventual nervosismo.

O que é decisivo: você realmente deve se sentir da maneira como deseja parecer. Quer causar uma impressão simpática, autêntica e competente nos outros? Então é preciso, antes de mais nada, estar você mesmo convencido. Qualquer outra coisa seria encenação, ou como diz a sabedoria popular: "uma ilusão de falsas verdades". Você certamente não ganharia nada com isso; muito pelo contrário: deixaria de ser autêntico. Então seja fiel à sua linguagem corporal, à sua postura, ao gestual e à expressão facial. Eles são parte da sua personalidade e o tornam único.

Decifrando corretamente a linguagem corporal

Uma das empresas líderes mundiais em gestão de viagens de negócios estabeleceu como meta própria introduzir um programa de software unificado em todos os seus parceiros para continuar bem-sucedida no cenário internacional. Um dos dirigentes apresentou a todos os parceiros franqueados o novo conceito, o processo de implementação planejado, as consequências e as vantagens. Um tema candente, já que os princípios de liderança da empresa também precisariam sofrer mudanças. O dirigente apresentou o tema com confiança e postura soberana. A mensagem foi transmitida, os parceiros demonstraram grande interesse e, certamente, muitas perguntas giravam na cabeça dos ouvintes. Mas no fim da apresentação, o palestrante cometeu um erro grave. Cruzou os braços na frente no peito e disse: "Temos grandes mudanças à frente. Com certeza ainda há muitas questões. Podem perguntar, por favor – estou aberto a elas". De repente um silêncio incômodo começou a reinar. A reserva e a insegurança dos ouvintes eram tamanhas que quase se podiam tocar. Não foi feita sequer uma pergunta. Por quê? Porque o público ficou nervoso, já que a linguagem corporal do orador não estava em conformidade com o que ele disse. Nessa situação, braços cruzados são o pior sinal não verbal possível.

Na verdade, essa postura muitas vezes é injustiçada. O ato de cruzar os braços é, por princípio, interpretado como sinal de desinteresse ou rejeição. Uma falácia quando se trata de mera desatenção, como no exemplo descrito. Pois, na maioria dos casos, a posição é usada simplesmente por ser confortável. Sendo assim, para poder compreender sinais da linguagem corporal de forma realmente sensata, muitos fatores devem ser levados em conta na sua interpretação.

Os maiores erros para a primeira impressão

Todos tendemos a julgar as pessoas pela primeira impressão. Esse instinto ancestral raramente nos engana completamente, mas também não é sempre que estamos totalmente certos. Os mal-entendidos, enganos e interpretações equivocadas mais frequentes, que sempre geram inconsistências na interpretação de sinais da linguagem corporal, você conhecerá a seguir:

O julgamento precipitado

Braços cruzados significam desinteresse. Se alguém toca o nariz, é porque está mentindo. Apontar com o dedo indicador é ameaçador. Esconder os braços sob a mesa é sinal de insegurança. Existem vocábulos da linguagem corporal em abundância, esses e outros, e as respectivas "traduções" podem até estar corretas em muitos casos; mas em muitos outros não, pois é possível que determinado gesto simplesmente faça parte da linguagem corporal individual da pessoa – do seu repertório básico pessoal, ou seja, do seu comportamento normal.

O repertório básico pessoal

Um exemplo é a postura clássica da chanceler alemã Angela Merkel, razão frequente para a mídia pegar no seu pé. Ela exibe frequentemente o seu famoso "telhado pontudo", sustentando as mãos na frente do tronco e juntando as pontas dos dedos apontadas para cima. Tal gesto, que também pode ser interpretado como sinal de defensiva ou de concentração, tem para ela significado totalmente diferente – ou melhor, absolutamente nenhum. Trata-se de um simples hábito, que faz parte do seu repertório básico pessoal.

Cada pessoa é única, e por isso também apresenta um padrão pessoal de linguagem corporal que ainda não é possível identificar em um primeiro contato. Complemento com uma experiência própria: fui convidada por uma empresa renomada a apresentar uma proposta de treinamento para seus funcionários externos. Três treinadores – eu uma deles – chegaram à etapa final da decisão e puderam lhes apresentar suas ofertas. Estavam presentes o presidente da empresa em pessoa, o gerente de pessoal e sua assistente. Tive de apresentar por último, e tudo não correu tão bem assim. Os dois outros candidatos usaram apresentações perfeitas de PowerPoint, enquanto eu cheguei de mãos vazias – um mau começo, como se pode imaginar. E para coroar, o presidente ficou o tempo todo recostado na cadeira, de braços cruzados, mal olhando para mim, sem mexer a cabeça, sorrir ou esboçar qualquer reação. Quando terminei, ele disse apenas "obrigado", novamente sem olhar para mim. Então saí da sala. No âmago, já tinha aceitado meu fracasso, quando a assistente me levou até a saída e opinou: "Meu chefe ficou entusiasmado. Tenho certeza que vai ser você a contratada". Fiquei irritada. Porém, no dia seguinte, o chefe de pessoal realmente entrou em contato e me contratou para o serviço. Qual foi o motivo para a minha interpretação equivocada? Eu não considerara a chance de aquela linguagem corporal do presidente ser simplesmente o seu comportamento habitual – o seu repertório.

A comparação direta

Quando estou insegura, tendo a manter um sorriso constante, fico com o corpo muito tenso e mexo demais as mãos, conscientemente. Quando percebo esses gestos em outras pessoas, preciso ficar atenta para não interpretá-los exatamente da mesma forma. Certa vez em um evento de um cliente, após minha palestra, encontrei um homem que não tirava os olhos de mim. Senti que ele queria estabelecer contato. Como sou curiosa, fui direto falar com ele. Ele elogiou minha palestra pelo conteúdo e por ter sido animada. Mas um comentário me deixou passada: "Você é a cara da atriz Anke Engelke. E nossa, eu acho ela o máximo". Não surpreende que ele tenha gostado da minha apresentação, pois projetou o que pensa de Anke Engelke diretamente em mim.

Quando associamos uma característica, a aparência, o tom de voz ou a postura de uma pessoa a algo positivo, geralmente o juízo que fazemos dela também é positivo –

e o mesmo vale para a situação inversa. Foi o que comprovaram diversos testes.

Sem contexto

Para interpretar a linguagem corporal corretamente, sempre é preciso atentar ao contexto: a motivação, a relação com o interlocutor, o ambiente, o humor momentâneo, acontecimentos anteriores e assim por diante. Alguns exemplos:

Suponhamos que você, como chefe, abrace afetuosamente uma funcionária e outras pessoas presenciem. Isso poderia facilmente provocar nos outros a impressão de favorecimento da funcionária em questão. Mas sua intenção era apenas consolá-la pela internação do seu filho devido a uma doença grave.

Ou: você está sentado à mesa com seus funcionários em uma reunião e boceja de repente, estendendo os braços para frente. O que sua equipe pensaria? Isso mesmo: que você acha suas propostas tediosas, ou que a reunião está sendo prolixa demais para o seu gosto. Ninguém sabe, porém, que acabou de sair de um voo de longa distância e está apenas lutando contra o *jetlag*.

Evitando problemas

Quando as pessoas descobrem que sou especialista em linguagem corporal, ficam petrificadas, não sabem mais onde colocar as mãos e sentem desconforto. Elas pensam que eu presto atenção em cada mínimo gesto, e que enxergo "através" delas em um piscar de olhos. Mas nem os especialistas em linguagem corporal são capazes de analisar com 100% de certeza o que se passa dentro de alguém. Porém é fato que todos nós – especialistas ou não – julgamos o tempo todo as pessoas ao nosso redor, na maioria das vezes inconscientemente. Por isso vale a pena treinar nossa capacidade de observação para aumentar o grau de precisão. E é assim que funciona:

Leve em conta os hábitos individuais

Como você agora já sabe, cada pessoa tem sua própria linguagem corporal – o seu repertório básico (cf. página oposta). Por essa razão, primeiro sempre observe o comportamento normal da linguagem corporal de um indivíduo ou seus hábitos comunicativos. Eles se revelam melhor em situações sem estresse. Quanto maior a frequência de contato com uma pessoa, mais fácil será identificar seu repertório básico. Basta pensar nas pessoas mais próximas de você. Inconscientemente, você sabe logo de cara que há algo de errado quando o comportamento delas foge ao seu repertório básico, mesmo que minimamente. Por isso, observe atentamente o comportamento dos seus funcionários, colegas e amigos, criando as bases para perceber alterações de comportamento com mais facilidade.

Caso não disponha de muito tempo, aproveite diálogos sobre temas insignificantes e nada emotivos para observar o comportamento do interlocutor. Memorize expressão facial, linguagem corporal, movimentos de braços, postura em pé e sentada e expressões gerais do corpo que sejam relevantes nessa pessoa.

› A expressão do rosto é relaxada ou tensa?
› A postura é autoconfiante ou insegura?

› Os gestos são descontraídos ou nervosos?
› Está bem ou mal-humorado?
› O interlocutor se mostra amigável ou agressivo?

Se o repertório decifrado se alterar ao longo da conversa, é preciso ficar atento. Por exemplo: se o interlocutor reforça bem o que diz com as mãos, mas de repente você deixa de notar qualquer gesto, isso pode significar tensão crescente. Se, de súbito, uma expressão facial neutra dá lugar a um sorriso permanente, porém artificial; isso pode ser sintoma de medo. E quando o ritmo da fala aumenta rápido e consideravelmente e o tom de voz se eleva, esses são possíveis sinais de nervosismo.

Em contrapartida, um desvio repentino do padrão de comportamento usual também pode ser indício de estar pensando em fatos ou acontecimentos relevantes para si ou repassando algo mentalmente.

Diferencie sinais universais e individuais

Existem "vocábulos" da linguagem corporal que são semelhantes ou até idênticos em todas as pessoas. Pois as emoções são universais e também internacionais. Quando alguém aperta os lábios e parte deles fica pálida, pode ter certeza que há raiva ou fúria em cena. Se alguém eleva os ombros de modo a proteger a vulnerável região do pescoço, com a cabeça imóvel e somente os olhos móveis, pode-se presumir que esteja amedrontado, mesmo que só naquele instante.

Insira os sinais no contexto

Um único sinal não basta para interpretar a pessoa por trás dele – da mesma maneira como não se pode extrair de uma só palavra o significado de uma frase toda. Para serem relevantes, os sinais precisam ocorrer com mais frequência ou combinados a outros. Só porque alguém levou rapidamente a mão em frente à boca, isso não quer dizer que queira ocultar algo.

Interesse, por exemplo, é algo que se pode reconhecer quando alguém ergue levemente as sobrancelhas mantendo contato visual constante, com o corpo todo voltado na sua direção e a expressão facial relaxada. Quem balança a cabeça de tempos em tempos e às vezes toca levemente o interlocutor (ou faz menção disso) fortalece ainda mais a impressão de estar interessado. No entanto, se durante uma reunião você observa que o cliente olha o relógio ou a porta com frequência, senta-se mais na beirada da cadeira, mantém o tronco voltado em outra direção ou balança a ponta do pé na direção da porta, a impressão causada por esses sinais também é relativamente nítida. Deixe-o ir, pois está desinteressado ou seu tempo acabou.

Sinais idiossincráticos

Em algumas pessoas manifestam-se certas características individuais, os chamados sinais idiossincráticos. Se alguém, por exemplo, fala sempre com os dedos em riste ou encolhe os ombros o tempo todo durante a conversa, trata-se de um comportamento típico desse indivíduo.

Além disso, a linguagem corporal também se mostra diferente em situações distintas, dependendo das convenções sociais e profissionais, dos costumes culturais, do sexo e das expectativas dos interlocutores, funcionários e colegas. Assim você, como gestor, terá comportamento e gestos diferentes na própria empresa dos que usaria em local desconhecido. E falará com um colega no mesmo nível de hierarquia de forma diferente de como falaria com um subordinado. Da mesma forma como na pausa para o café o tom da conversa tende a ser bem mais informal do que à mesa de reunião. E a postura corporal também será mais relaxada na mesma proporção.

Um termômetro da verdade

Como é possível reconhecer pelos sinais não verbais se o interlocutor não está sendo totalmente sincero ou não pensa realmente o que está dizendo? Muito simples: sentimentos como medo, insegurança ou nervosismo manifestam-se inconscientemente em nossos gestos, expressões faciais e linguagem corporal, de forma a mal podermos controlá-los. As mais afetadas são as regiões distais – as partes do corpo mais distantes do cérebro, como pés e dedos. Mas também pelas chamadas microexpressões, que são pequenas e rápidas alterações no rosto, é possível perceber o que se passa na cabeça de nosso interlocutor. Pois ao mentir ou dissimular, a expressão facial e a postura corporal se alteram – mesmo que por frações de segundos. Muitas pessoas não notam conscientemente esses sinais mínimos, mas têm a nítida sensação de que há algo de errado. Psicólogos constataram que, quando há contradição no interlocutor entre o que é dito e sua linguagem corporal, a probabilidade de confiarmos na linguagem corporal é cinco vezes maior. Ainda assim, você jamais deve tirar conclusões precipitadas. Cabe destacar mais uma vez: somente observando o corpo todo e a situação completa é possível interpretar com considerável confiança a mensagem que é transmitida.

Você conhece suas partes mais sinceras do corpo?

Os pés são as partes mais honestas do corpo. A culpa é do sistema límbico no cérebro: por causa dele, quanto mais distante do cérebro a região do corpo, menor nossa influência sobre ela. Por isso, quando queremos interpretar rapidamente nosso interlocutor, devemos começar a "varredura" de baixo para cima. Quem, por exemplo, aponta o pé na direção do interlocutor durante a conversa está de acordo com o que está ouvindo. O pé em outra direção, por sua vez, sinaliza discordância.

Microexpressões – em um piscar de olhos

"Podemos mentir com a boca; mas com a expressão da boca ao mentir, dizemos a verdade." Já naquele tempo Friedrich Nietzsche, autor da citação, reconhecia a existência das chamadas microexpressões faciais, que são capazes de transmitir informações sobre os reais pensamentos e sentimentos das pessoas. Mas não é só o seu rosto que diz muito – é claro que o do seu interlocutor também. Você já não se perguntou alguma vez o que o outro realmente está pensando ou sentindo? Se está dizendo a verdade? Quando tiver dúvidas, preste atenção em sua expressão facial. Os sinais a seguir denotam falsidade:

› emoções repentinas, atrasadas ou demoradas demais;
› expressão inerte;
› expressão que não condiz com os enunciados verbais;
› comportamento visivelmente controlado;
› gestos de descarte ou desdém na forma de gestos de constrangimento.

Não importa se em políticos, tomadores de decisões em empresas ou interlocutores em negociações profissionais: graças às microexpressões, o rosto é um livro aberto. Esses movimentos faciais são rápidos até demais – duram de 125 a 150 milissegundos – e não podem ser controlados pelo emissor. Por isso também não é fácil reconhecê-los. Só uma ínfima proporção das pessoas é capaz de interpretar corretamente todas as emoções. Para os leigos, o lema é treinar, treinar e treinar.

Como aguçar sua percepção

Uma possibilidade: grave programas de debate na televisão e observe os participantes com o máximo de atenção. Assista as cenas várias vezes e pare nos momentos em que achar ter notado uma expressão facial "suspeita". Ou faça você mesmo uma pesquisa. Procure imagens típicas das microexpressões universais (cf. abaixo) e tente reproduzi-las diante do espelho. O efeito desse autoestudo: ativando a musculatura, o cérebro grava as emoções correspondentes. E quando perceber esses movimentos musculares no rosto de outras pessoas, os neurônios-espelho no seu cérebro "evocarão" as respectivas emoções.

As oito expressões faciais universais

Todas as pessoas – não importa de qual país ou ambiente cultural – vêm ao mundo com oito expressões faciais universais. Ao redor dos olhos e da boca podemos reconhecer a maioria desses movimentos mínimos e muito rápidos. Mas como? Nas perguntas decisivas, olhe diretamente no rosto do interlocutor, visualize nele um triângulo imaginário de cabeça para baixo, direcione o seu foco para os olhos e a boca e você então poderá identificar as mais importantes microexpressões faciais: alegria, repugnância, desprezo e cinismo, medo, surpresa, tristeza, preocupação e raiva.

Alegria

Quem ri está alegre, achando alguma coisa engraçada ou se sentindo realmente bem – isso é algo que aprendemos desde pequenos. O rosto alegre é relaxado e descontraído, com ruguinhas ao redor dos olhos, a boca larga e as bochechas elevadas. [a]

Mas a alegria também pode ser simulada – como nas situações em que é esperada no círculo social. Então nos mostramos descontraídos e despreocupados e também rimos vividamente, mesmo que não achemos nada engraçado. É provável que você também já tenha fingido bom humor quando na verdade não se sentia bem, ou que tenha se esforçado para rir de uma piada ruim.

Além do riso sincero como expressão de alegria e do riso forçado para simulá-la, ainda há o riso em situações inoportunas, que às vezes pode realmente magoar: o riso da desgraça alheia (*Schadenfreude*).

Repugnância

É uma emoção fácil de reconhecer, já que uma grande área do rosto é envolvida para expressá-la. Quando o rosto demonstra repugnância, o lábio superior se ergue e os cantos da boca repuxam-se para baixo. Uma marca característica são as rugas ao redor do nariz. Quanto mais rugas, mais intensa a sensação. Se um colega fala encantadoramente de uma pessoa, mas você percebe traços da repugnância descrita acima em sua expressão facial, é porque ele provavelmente não está dizendo sua opinião sincera. [b]

a   Na alegria real, o rosto fica relaxado e olhos e boca riem junto.

b   Nariz franzido e lábio superior erguido demonstram repugnância.

Desprezo e cinismo

O desprezo é perceptível principalmente na metade inferior do rosto, ao redor da região da boca. Um lado dos lábios é levantado. Tal expressão pode ser muito bem observada em programas de debate na televisão. Um convidado expõe sua opinião e o outro ergue os lábios com desdém, provavelmente pensando: "Você não tem ideia do que está falando. Sou eu que sei muito bem" [c].

Medo

Todos conhecemos essa emoção, e o medo certamente já esteve alguma vez estampado no seu rosto – seja ao ver filmes de terror especialmente assustadores ou em situações que você próprio viveu. Quando alguém sente medo, as sobrancelhas se contraem entre si e para cima e os olhos podem se arregalar. As pálpebras inferiores ficam tensas e os lábios retraem-se retesados na direção das orelhas [d].

Surpresa

Quando ambas as sobrancelhas se erguem, mas sem se contrair como na expressão de raiva, e os olhos são bem abertos, trata-se de um sinal de surpresa [e]. Adicionalmente, o queixo também pode literalmente cair. No entanto, é preciso diferenciar a surpresa positiva da negativa. Aliás, a expressão facial de admiração é simulada com frequência. Por exemplo: quando você surpreende o(a) amado(a) com um presente de aniversário há muito desejado e a surpresa dura mais tempo que um segundo, é muito provável que ele ou ela já soubesse do agrado.

Tristeza

Quando estamos tristes, a expressão facial geralmente perde o vigor e fica iner-

C Um dos lados da boca levantado é sinal de desprezo ou cinismo.

d Sobrancelhas erguidas e contraídas, olhos arregalados e pálpebras tensas revelam medo.

e Olhos arregalados e sobrancelhas erguidas expressam surpresa.

te. As sobrancelhas caem e os cantos da boca também pendem levemente para baixo. Também temos a sensação de que o olhar da pessoa triste perde-se no vazio [f].

Preocupação

Quando alguém está preocupado, um sinal característico é franzir o meio da testa horizontalmente [g]. Sobrancelhas levemente erguidas também são um indício infalível dessa emoção. Quando, por exemplo, você conta um problema profissional ao interlocutor e percebe rugas de preocupação na testa dele, ele está pensando sinceramente a respeito e expressando dessa maneira sua empatia.

Raiva

Raiva ou fúria são muitas vezes sentidas instintivamente, já que com essas sensações os comportamentos de luta ou de fuga são automaticamente ativados. Imagine que o seu chefe ou um cliente venha na sua direção com feições enraivecidas para tratar de uma reclamação, e diga com palavras elegantes: "Ficaria muito agradecido se você pudesse cuidar disso". Nesse caso é melhor agir rápido. Pode-se reconhecer raiva ou fúria quando as sobrancelhas baixam, as famosas rugas de brabeza ficam visíveis entre as sobrancelhas e os lábios empalidecem parcialmente por serem pressionados um contra o outro [h]. Além disso, o foco da visão se aguça e os olhos começam a brilhar. Quando alguém diz que "tudo bem", mas demonstra a expressão facial descrita, é porque está tentando reprimir sua raiva.

As pupilas revelam muito

Se você quer saber se alguém o acha atraente ou desejável, muitas vezes

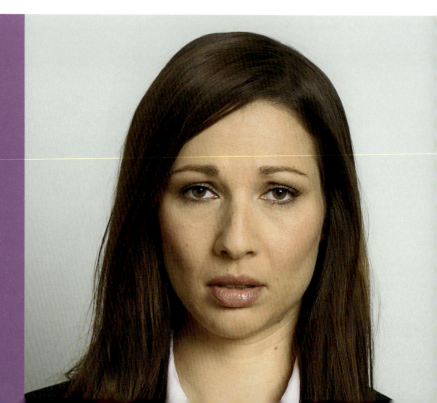

f Sobrancelhas baixas, cantos da boca caídos e expressão facial sem vida são indícios de tristeza.

g   A testa franzida na horizontal com as sobrancelhas levemente erguidas sinaliza preocupação.

h   Rugas de brabeza entre as sobrancelhas caídas e lábios apertados revelam raiva.

basta olhar nos olhos dele. Pupilas dilatadas sempre revelam atração [i]. Constatou-se que o tamanho das pupilas também é influenciado por componentes psíquicos. O músculo responsável pelo tamanho das pupilas é indiretamente conectado ao sistema límbico pelo sistema nervoso simpático. Por isso, as reações das pupilas não necessariamente dependem da intensidade da luz. Se elas se dilatam, pode ser sinal de interesse – mas também de medo, agitação ou surpresa. Então falamos de "olhos arregalados de susto". Quando as pessoas veem uma situação como negativa, sentem-se sobrecarregadas ou desinteressadas, o músculo correspondente relaxa e a pupila se retrai. Além disso, as sobrancelhas se contraem [j]. Olhos apertados são reação a pensamentos ou sentimentos desagradáveis. Movimentos rápidos de olhos são sinal de grande atividade ou nervosismo. Em contrapartida, olhos que se movem pouco ou muito devagar podem ser motivados por uma grande sobrecarga.

Via de regra, sobrancelhas erguidas equivalem a um sinal de interesse e sentimentos positivos. O ato de baixar as sobrancelhas é indício de sentimentos negativos, tensão ou insegurança.

Contradições que aguçam os sentidos

Não só as microexpressões são capazes de revelar o que alguém realmente pensa ou sente. A combinação de enunciados verbais e linguagem corporal é a melhor garantia para descobrir a verdade. Quando estamos diante da verdade, palavras e sinais não verbais estão em harmonia, em um comportamento que podemos chamar de coerente. Os movimentos dos braços, a expressão facial e a voz (tom, ritmo, pausas, dinâmica) condizem com o que é dito. Imagine, por exemplo, que você esteja negociando com um parceiro comercial importante que afirma que "sua oferta está perfeitamente de acordo com nossos pro-

i Pupilas dilatadas exprimem satisfação, atração e interesse.

j Pupilas contraídas revelam sentimentos negativos ou sobrecarga.

pósitos", mas perceba uma expressão facial cética – tratar-se-ia de um comportamento incoerente, que não concorda com os enunciados. Nesses casos, convém manter-se especialmente atento. As seguintes contradições devem aguçar seus sentidos:

Linguagem corporal antes das palavras

Os sentimentos sinceros se revelam antes de dizermos qualquer palavra. Imagine que, ao encontrar um potencial cliente, vocês se cumprimentem e ele diga: "É um prazer vê-lo", e só depois da saudação verbal surja um sorriso em seu rosto. A probabilidade de ele estar fingindo um pouco é relativamente alta nesse caso. Ou imagine que o gerente do banco esteja tentando convencê-lo sobre determinados fundos de investimentos. Você quer ter certeza que investir neles seria seguro, e então pergunta: "Você me garante que não vou sofrer perdas?" Se ele começar imediatamente a se "justificar" e só depois sua expressão facial demonstrar decepção com as suas objeções, cabe ter cautela – pois ele aparentemente já estava preparado para as suas dúvidas.

Expressões emotivas inconstantes

Vamos supor que você queira esclarecer melhor determinada situação e certificar-se de que todos os fatos tenham sido revelados. E ao longo da conversa você nota fortes oscilações de humor no interlocutor: um rosto sorridente rapidamente se esvai em uma expressão facial inexpressiva. Os olhos alternam-se entre arregalados e apertados. A testa enrugada dá lugar a um nariz franzido. A boca apertada

Mentiras "brancas"

As chamadas mentiras "brancas" são pequenas mentiras (necessárias) que não prejudicam o outro, e pelo contrário, pretendem contribuir para o seu bem. Um exemplo: parceiros comerciais muitas vezes saúdam-se com "é um prazer vê-lo", mas mantendo expressão facial séria. Eis uma frase sem grande significado. Ou: para acabar com o medo da equipe causado por rumores de um volume de vendas ruim, o chefe diz: "Estamos indo bem. Tudo está sob controle". Mas ao fazê-lo, abana levemente a cabeça, empurrando para adiante as palmas das mãos erguidas. O controle que ele garante ter parece não ser real, mas ainda assim os funcionários se sentem tranquilizados.

logo se abre relaxadamente. Em casos como esses, suas dúvidas são totalmente justificadas. O motivo: estudos demonstraram que os mentirosos estão sujeitos a maiores oscilações de humor do que quem diz a verdade. Os mentirosos experientes e as pessoas públicas sabem disso, e por isso procuram controlar suas emoções.

Emoções exageradas e prolongadas demais

Quando mentem, as pessoas automaticamente procuram transmitir sinais falsos. Eles muitas vezes persistem por uma fração de segundo a mais ou não correspondem às afirmações verbais.

Suponhamos que você esteja apresentando uma oferta à contraparte em uma negociação. Se a surpresa dele durar um instante a mais que o normal e sua expressão facial parecer um pouco exagerada, pode ter certeza de que ele já sabia de antemão da sua proposta.

Tensão assimétrica

Quando demonstramos nossos verdadeiros sentimentos, a tensão na musculatura facial é simétrica. Isso quer dizer que as metades esquerda e direita do rosto são ativadas na mesma proporção e que as partes superior e inferior aparentam harmonia. Alguém que fica furioso aperta os lábios com força apresentando rugas de brabeza. Mas se a testa não se move, não há indícios inequívocos de raiva real. Um exemplo: você pede um aumento de salário e percebe que apenas um canto da boca e uma sobrancelha do seu superior erguem-se por alguns segundos. Com esse sinal de sarcasmo, ele dá indiretamente a entender que não se engajará no que você está pedindo, mesmo que momentaneamente afirme que pensará a respeito.

Usando os sinais não verbais a seu favor

A linguagem corporal é, portanto, o principal e também mais sincero instrumento para causar uma impressão convincente. E tanto quanto nossa postura, nossos gestos e expressão facial instintivamente dizem muito sobre nossos verdadeiros pensamentos, a linguagem corporal dos nossos semelhantes evidentemente também transmite informações importantes sobre seu estado interior, que justamente durante contatos profissionais mais impessoais podem ser de grande vantagem. Imagine, por exemplo, que um dos seus parceiros comerciais faça promessas que na realidade não sejam possíveis de cumprir. Não seria bom se você pudesse reconhecer tal discrepância entre as palavras ditas e os sinais não verbais? Pesquisas demonstraram que a expressão facial de fato pode ser relativamente bem controlada, enquanto a postura geral do corpo e os movimentos de mãos, pernas e pés são nitidamente menos domináveis. Estas são, portanto, partes do corpo que podem revelar facilmente se o seu interlocutor não está necessariamente dizendo a verdade ou colocando tudo para fora.

A regra dos 3 passos

Não importa se chefes, funcionários, parceiros comerciais, amigos ou companheiro: sempre queremos saber o que os outros realmente pensam. E para isso, temos uma certa característica do cérebro humano a nosso favor. Muitos sinais da linguagem corporal não podem ser controlados, por serem regidos pelo chamado sistema límbico. Ele reage por reflexo, em tempo real, a determinadas situações, vivências e acontecimentos. Se alguém bate a porta com força, reagimos automaticamente encolhendo os ombros e piscando rapidamente os olhos. Tente não reagir assim, e não vai funcionar. Por mais que possamos representar com palavras, temos bem pouco controle sobre nossa linguagem corporal inconsciente, que sempre revela a verdade. E é bom que seja assim, pois as emoções e reações naturais são parte integrante e essencial da convivência e uma boa fonte de informações para descobrir mais sobre um interlocutor.

Os sinais reveladores apresentados no próximo parágrafo ajudam a reconhecer o que o seu interlocutor pensa ou sente ou quais são suas intenções. Porém, durante a observação, atente sempre para o mandamento máximo que, se possível, jamais deve ser violado: demonstre respeito! Aja com discrição e não deixe seu interlocutor inseguro! Deixe-o confortável. Durante a análise, siga sempre a regra dos três passos:

1. Observar: ao avaliar sinais corporais, atenha-se sempre aos requisitos para uma interpretação correta (pág. 17).

2. Assimilar: reflita sobre o que viu. Em que momento você percebeu determinada reação? Sobre o que estavam discutindo naquele instante? Você teve responsabilidade pelo comportamento em questão? O que você disse, fez, demonstrou?

3. Reagir: pense minuciosamente na sua reação. É necessário reagir para retificar possíveis mal-entendidos? Ou você deve apresentar alternativas para preservar o interesse? Você sabe realmente quais são as necessidades do seu interlocutor? Se não souber, simplesmente pergunte.

A metade incontrolável do corpo

A maioria das pessoas é convencida de que o rosto é o primeiro a revelar a verdade. Não deixa de estar correto, mas até certo ponto. As menores emoções refletem-se nas microexpressões (pág. 22), nas contrações mínimas de diversos grupos musculares do rosto que nos permitem tirar conclusões. No entanto, tais movimentos do rosto duram apenas milissegundos, e por isso só podem ser percebidos por um olho treinado. E agora se acredita cada vez mais que as regiões distais do corpo (as mais distantes do cérebro – cf. pág. 21) são as que mais revelam explicações sobre as emoções e as intenções de alguém:

A perna de fuga

Quando há interesse e concordância, as pontas dos pés e o tronco ficam voltados para o interlocutor. Isso é algo que pode ser observado, por exemplo, entre colegas no corredor da empresa, no balcão de um bar e em restaurantes. Se uma pessoa sente-se bem na presença de outra, as pontas dos seus pés apontam diretamente para ela; se um cliente se interessa por determinado produto, ele se volta em sua direção. Também ao flertar, as pontas dos pés são um indicador decisivo. Se o interesse se perde, as pontas dos pés ou o tronco desviam-se do interlocutor [a]. Após uma palestra, às vezes os pés do orador apontam rápido demais para a direção da saída porque ele preferiria escapar daquela situação.

A marcação de ritmo

Praticamente nenhum programa de debates termina sem que os chamados gestos de marcação de ritmo se manifestem em ao menos um dos participantes. Quando um dos debatedores deseja enfatizar bem um argumento em especial, ele o faz com um movimento ritmado do pé, que é balançado vigorosamente. Da mesma maneira se comporta o orador que deseja salientar determinado ponto, e por isso recorre a gestos ritmados.

O balanço em pé

O ato de agitar o pé quando sentado não deve ser confundido com o de se balançar enquanto em pé. Quando uma pessoa se balança durante a conversa, ou seja, coloca o peso sobre a parte dianteira dos pés e rola de volta para o pé inteiro [b], isso é sinal de autoconfiança e convicção. Essa postura pode ser entendida da seguinte maneira: "Sou autoconfiante, tenho convicções sobre o tema e

a   Quando há desinteresse, o tronco ou as pontas dos pés desviam da direção do interlocutor

b   Jogar o peso sobre a frente do pé e rolar de volta revela autoconfiança.

posso me estufar um pouco". A maioria das pessoas sente-se superior no grupo e deseja mostrar força e poder. E para ficar em pé sobre a parte dianteira do pé, muitos grupos musculares precisam ser ativados.

O pedal do freio

Tão clássico quanto os movimentos ritmados é o gesto do pedal do freio. Em uma situação de negociação, quem mostra as solas do pé sinaliza um freio em relação ao conteúdo do diálogo [c]. Ao perceber esse sinal, recomenda-se mudar de rota e oferecer outras opções ou então dar ao interlocutor a oportunidade de aliviar primeiro a pressão que está sentindo. Porém, quando apenas as pontas dos pés movem-se para cima e para baixo rapidamente, esse tende a ser um sinal de inquietação – possivelmente as coisas estão avançando devagar demais para o seu interlocutor.

Hora de ir

É possível identificar a impaciência de um interlocutor quando ele segura um ou ambos os joelhos enquanto inclina o tronco nitidamente para frente – a clássica posição de fuga [d]. Se ainda recuar um ou ambos os pés levemente sob a cadeira, sentando-se apenas na borda, sua vontade de encerrar a conversa é indisfarçável.

c Quem mostra as solas dos pés está nervoso ou tem dúvidas ou objeções.

d Quem enlaça os joelhos e projeta o corpo para frente gostaria de fugir.

A posição de machão

Os homens tendem a manter postura mais larga de pé. Isso é percebido como um gesto dominador, com intenção de sinalizar poder e autoridade. Porém, é interessante observar que indivíduos em cargos mais altos de liderança raramente usam mais essa postura. Nessa posição de pernas afastadas, os homens projetam a bacia levemente para frente e erguem o queixo [e]. Nela parecem tudo, menos simpáticos, e principalmente distantes e desaprovadores. Ela pode ser observada com frequência em situações de disputa, ou quando alguém deseja conscientemente assumir ares de dominação – muitas vezes servindo apenas para esconder a insegurança. Principalmente os jovens líderes procuram compensar sua suposta pouca experiência por meio dessa pose. Mas é apenas em situações ameaçadoras que ela de fato sinaliza força.

e   A postura de pernas afastadas e queixo erguido parece arogante.

f   Pernas cruzadas são femininas e podem ser sinal de interesse.

Pernas cruzadas

O ato de cruzar as pernas muitas vezes é associado a timidez e reserva. Mas trata-se justamente do contrário. Geralmente é sinal de que a pessoa está se sentindo bem. As mulheres assumem essa posição com mais frequência para parecerem mais femininas [f]. Quando as pernas estão cruzadas, a direção em que apontam faz diferença: quando a perna esquerda é cruzada por cima na direção de um interlocutor à direita, é sinal de atenção. Caso observe que o seu interlocutor balança afirmativamente a cabeça e sorri ao ouvi-lo, mas balança a perna cruzada por cima de forma inquieta, interprete o primeiro gesto como de educação – pois na verdade preferiria ir embora.

Autoapaziguamento

Em situações de estresse, nosso corpo produz instantaneamente adrenalina, que promove um aumento de vigor no corpo. O responsável por isso é o nosso sistema límbico. Um instinto ancestral é automaticamente ativado: a reação de luta ou fuga. Contudo, como há situações em que não podemos fugir nem lutar, o ser humano desenvolveu as chamadas reações adaptativas, para conseguir relaxar. Quanto maior o desconforto, maior a probabilidade de fazer gestos de autoapaziguamento, e maior a sua ocorrência. Alguns sinais são imediatamente reconhecíveis, enquanto outros são muito sutis. Também nesses casos, atente sempre para o repertório básico do seu interlocutor (pág. 18). Os sinais a seguir são os registrados em maior frequência:

Respiração peculiar

Antes de reagirem a um acontecimento estressante, as pessoas prendem brevemente a respiração e inflam simultaneamente as bochechas, para depois soltar o ar que prenderam [g, pág. 36]. Experimente observar como os políticos reagem a perguntas muito incômodas de jornalistas ou quais reações você nota em um interlocutor de negociação quando a discussão chega à fase mais acalorada. Talvez você já tenha vivido na própria pele uma situação de perigo: um acidente de carro sem grandes consequências no final, um pouso complicado de avião. Há inúmeros exemplos de situações nas quais, literalmente, prendemos a respiração.

"Autotoques" de desconforto

Quando nos confrontamos com algo desagradável, gostamos de executar gestos de constrangimento e os chamados "autotoques". Eles se chamam assim porque causam alívio por meio da imitação inconsciente de toques. Ao fazê-los, tocamos regiões da cabeça, do rosto e do pescoço, as sobrancelhas ou acima delas [h, pág. 36], passamos a mão na testa, nas têmporas ou no lóbulo da orelha e muitas vezes seguramos o nariz [i, pág. 36]. Pesquisadores comportamentais observaram que tais toques permitem tirar conclusões sobre o estado emocional. Os homens tendem a segurar o nó da gravata para poder "pegar mais ar", ou a passar a mão na nuca. As mulheres gostam de tocar a região da garganta [j, pág. 36] ou brincar com o colar.

g Prender a respiração, inflar as buchechas e soltar o ar preso indica uma situação estressante

h Passar os dois dedos nas sombrancelhas demonstra que há algo de incômodo

i Quando incomodados, os homens tocam muito o nariz.

j Por desconforto, as mulheres tocam a garganta com frequência.

k Quem umedece os lábios com a língua está tentando se acalmar.

l Bocejos vigorosos fazem inspirar e expirar fundo, ajudando a relaxar.

Engolir, bocejar, umedecer os lábios

Quando em situações de estresse, ficamos automaticamente com a boca seca. Se você faz palestras ou apresentações com frequência, já conhece o que estou dizendo: de repente precisamos urgentemente de água para que as palavras voltem a sair com fluência. Quando ficamos nervosos, nossa programação instintiva de luta ou fuga entra espontaneamente em ação no cérebro, nossos processos digestivos ficam mais lentos e a produção de saliva é reduzida. Por causa da boca seca, tendemos a engolir mais forte. Ou seja: o ato de engolir visivelmente – que é mais nítido nos homens devido ao pomo de adão – é um sinal claro de reação ao estresse. A pessoa afetada está tentando se acalmar. O mesmo vale para umedecer os lábios secos com a língua úmida [k]. Em ambos os casos, queremos acabar com o desconforto na boca e nos lábios.

Algumas pessoas começam a bocejar intensamente em situações de estresse [l]. O motivo: para isso elas precisam inspirar fundo instintivamente, o que ajuda a se tranquilizar e relaxar. Eu mesma já vivenciei o quanto esse fenômeno é comum ao apresentar minhas palestras. Os clientes já chegaram até a me perguntar se gostaria que buscassem rápido um expresso duplo. Mas eu estava, na verdade, altamente concentrada nessas situações. Os bocejos não eram nada mais que uma programação de autorrelaxamento.

Alterações na voz

Tenho uma amiga que aumenta bruscamente o ritmo da fala quando está em situações tensas, falando sem vírgulas ou pontos-finais. Essa é a sua maneira de queimar o excesso de energia – um fenômeno que se manifesta com frequência principalmente em mulheres. (Cf. na pág. 58 o que a voz significa e como usá-la a seu favor.) Outras pessoas, por sua vez, acalmam-se assobiando ou fazendo zumbidos. Isso distrai e proporciona bem-estar.

Em um voo para Berlim, observei certa vez um homem ao meu lado que piscava rapidamente, com a região dos ombros tensa, agarrando-se freneticamente aos braços da poltrona. Era fácil notar que não gostava muito de voar. O auge veio logo antes da decolagem: ele começou a assoviar. Os olhares que recebeu dos demais passageiros foram tudo menos compreensivos ou graciosos. Então me dirigi a ele, com um leve toque no antebraço, a respeito do seu medo de voar. Primeiro ele ficou um pouco perplexo, mas depois se declarou agradecido por tê-lo distraído com minhas muitas perguntas.

> **Atenção merecida**
>
> Para poder reconhecer os sinais do corpo e reagir de forma correspondente, é preciso dedicar atenção total e constante ao interlocutor. Observe sua linguagem corporal, mas sem querer "dissecá-la". Eis um fundamento básico para a comunicação aceitável e bem-sucedida.

Linguagem corporal na entrevista de emprego

Parabéns! Seu currículo deixou uma impressão positiva e você recebeu o convite para uma entrevista de emprego, já que o potencial contratante o julga tecnicamente qualificado para a vaga. Com isso, você já está bem mais próximo do seu objetivo. Até aqui você fez tudo certo, e agora quer ter sucesso até o fim para conquistar a vaga. Mas a entrevista de emprego ao vivo é um dos maiores obstáculos da maratona dos candidatos. Pois é justamente em situações em que queremos brilhar a qualquer custo que as coisas podem não sair conforme o esperado. Nesse contexto os candidatos geralmente se preocupam que aquilo que dizem ou deixam de dizer possa minimizar suas chances. Trata-se de um erro. É claro que também cabe transmitir verbalmente a própria competência e não dizer besteiras motivadas pelo nervosismo. Mas não é correto supor que toda e qualquer palavra ou enunciado devem ser cuidadosamente refletidos. Para a decisão final, o que pesa mais é o que comunicamos de maneira não verbal – com a ajuda do nosso corpo. A linguagem corporal determina cerca de 80% da impressão geral que as outras pessoas têm de nós, não importa a situação. O motivo: postura, gestual, expressão facial e voz não só dizem mais como também transmitem informações mais sinceras sobre alguém do que as palavras poderiam fazer. Por isso é tão importante saber, principalmente para entrevistas de emprego, qual é a impressão que causamos nos outros – e também, evidentemente, como é possível otimizar o próprio efeito.

Bom preparo é o melhor requisito

Mostrar-se competente e causar boa impressão são as metas supremas a se perseguir em uma entrevista de emprego. É nisso que você deve se concentrar. Se você se sentir e se mostrar autoconfiante e convincente, o que você contar sobre si próprio também causará impressão persuasiva.

Sem nervosismo!

Pode parecer realmente fácil, mas não é necessariamente simples. O motivo: quando estamos em situações habituais do dia a dia, lidamos de forma relaxada e totalmente racional com as coisas. Mas é só nos vermos subitamente em uma situação nova para o pensamento objetivo dar adeus por um tempo. E nessas situações, nossa linguagem corporal ganha ainda mais significado. É claro que nosso nervosismo também é perceptível nela, já que não somos capazes de despi-lo de uma hora para a outra como faríamos com um terno. No entanto, podemos controlar e até conduzir um pouco nossos sinais não verbais – o que não quer dizer, porém, que uma pessoa de natureza tímida seja capaz de se vender de repente como um exemplo de autoconfiança. Tal controle também tem um efeito secundário positivo: quando a linguagem corporal se acalma, nossos pensamentos também se tranquilizam, e assim podemos agir com bem mais serenidade e nos apresentar positivamente – com e sem palavras.

Treinando a própria percepção

A mais importante condição para um treino bem-sucedido é uma boa percepção do próprio corpo. Pois tão difícil quanto corrigir um pequeno defeito inconsciente de fala é trabalhar para melhorar a linguagem corporal sem ter ideia de quais são os pontos que precisam evoluir. É verdade que não é nada fácil observar-se com objetividade e fazer constatações corretas. Mas despertar a consciência da própria linguagem corporal, da qual muitas vezes não temos boa noção, pode ter bons efeitos. E uma vez conhecendo a sua linguagem corporal pessoal, você também poderá trabalhar nela com objetivos definidos. Importante: exercite uma forma de lidar consigo mesmo sem fazer julgamentos, e, sobretudo, descontraída!

Como alcançar o equilíbrio

Estar à vontade é, principalmente em situações excepcionais como uma entrevista de emprego, o melhor fundamento para causar uma impressão cativante. Aguçando a percepção do próprio corpo você encontrará um bom equilíbrio entre vigor e relaxamento corporal. Nenhum dos dois é, por si só, desejável de forma pronunciada demais. Manter o corpo fisicamente ativado o tempo todo provoca efeitos imediatos, causando, por exemplo, bloqueios e tensões. Mas ficar relaxado demais – ou, em outras palavras, tender a deixar o corpo cair – também influencia a postura interior. Ficamos fleumáticos, carecendo cada vez mais de força e engajamento. Cabe evitar tanto um quanto o outro. Dois exercícios simples para o dia a dia podem ajudá-lo a perceber melhor o corpo e mantê-lo no encaixe correto.

O primeiro deles ajuda a encontrar sem esforço o centro do seu corpo:

› Assuma uma postura confortável, mas não tão displicente. Distribua o peso uniformemente sobre ambas as pernas, abertas na largura dos quadris, e solte os joelhos.

› Concentre-se na postura (cf. *box* na pág. 41). Feche os olhos e observe-se de dentro para fora. Com consciência, ganhe aderência ao solo e sinta o seu ponto de equilíbrio.

› Dirija a atenção a cada região do corpo e sua posição: quadris, coluna vertebral, ombros, braços e cabeça. Verifique mais

a Em postura ereta, cabeça endireitada e pernas na largura dos quadris, balance para frente...

b ...e de volta para trás. Consegue sentir onde fica o seu próprio centro?

uma vez a postura – mas apenas note-a, sem julgá-la.
› Respire com consciência, inspirando e expirando com calma e na mesma duração.
Agora se balance levemente da direita para a esquerda e para frente [a] e para trás [b], sem sair do lugar. Tente encontrar o seu próprio centro.
› Assim que tiver achado o centro do seu corpo, você conseguirá crescer na própria pele no segundo exercício – no sentido literal da palavra:
› Fique em pé ereto, de pernas abertas na largura dos quadris. Respire com consciência, inspirando e expirando com calma e na mesma duração.
› Agora deixe os ombros pesarem para baixo. A região do pescoço deve ficar totalmente livre. Imagine que você está sendo puxado para cima verticalmente, por um fio invisível preso à cabeça.
› Cresça cada vez mais para o alto, enquanto força os ombros na direção do chão. Importante: não se deixe criar tensão. Continue inspirando e expirando calmamente.
› Mantenha essa posição estendida por alguns instantes e volte a relaxar com uma expiração profunda. Consegue sentir como o encaixe corporal correto retorna e o exercício ajuda a se endireitar – também mentalmente?

A prática faz a entrevista perfeita

Para entrevistas de emprego, e não somente para elas, vale: quando pior preparado, maior a insegurança. E quanto mais inseguro, menor o poder de convencimento. Por isso, você deve se preparar

A postura autoconfiante

Apoie-se firmemente sobre ambas as pernas, abertas na largura dos quadris. A cabeça fica ereta. Deixe os braços caírem e feche as mãos, com os polegares voltados para frente. Agora gire os polegares lateralmente mantendo os braços pendentes: assim a musculatura das costas é automaticamente ativada e o peito se abre. Assim você parece relaxado, mas também autoconfiante.

Treine sistematicamente para se acostumar a essa postura. Uma maneira de verificar se você está mesmo ereto e autoconfiante é executá-la próximo à parede, de modo que as costas e a cabeça a toquem.

para situações clássicas, repassando-as o máximo que puder. Durante uma entrevista, você pode ter relativa certeza de que surgirão perguntas sobre eventuais lacunas ou pausas no seu currículo. É preciso poder respondê-las conclusivamente e sem pensar muito. Em nove entre dez entrevistas, também são feitas perguntas sobre pontos fracos e fortes do candidato. Você também pode se preparar o melhor possível para elas – tanto em suas respostas verbais quanto nos sinais não verbais correspondentes. Quanto melhor você se preparar mentalmente para a conversa que está por vir, mais soberania você irradiará no momento decisivo. Com a ajuda dos seus "filmes mentais" (cf. próxima página) você poderá melhorar passo a passo a sua segurança.

O filme começa

O roteiro da entrevista de emprego contém as seguintes cenas:

› Imagine como a conversa pode se desenvolver. Quais perguntas o interlocutor poderia fazer? Como você as responderia? Como seria a sua respectiva linguagem corporal?

› Faça uma lista das mensagens centrais que deseja imprescindivelmente transmitir ao interlocutor.

› Treine diante do espelho a sua parte da entrevista imaginada e avalie seu próprio desempenho.

› Treine objetivamente os seus sinais não verbais até que a postura sentada ideal (pág. 52), os gestos apropriados e uma expressão facial relaxada estejam no seu sangue.

› Teste seus diferentes gestos e expressões e o seu efeito, para adquirir uma percepção do significado da sua linguagem corporal em situações importantes como essa.

› Inspire-se nos profissionais. Observe atentamente a linguagem corporal de políticos ou atores e descubra o que causa impressão especialmente simpática, convincente e soberana.

› Quando já estiver se sentindo mais seguro, pratique também com amigos. Procure trocar ideias principalmente sobre a impressão que determinados sinais não verbais causam no interlocutor e o que eles transmitem.

Um dia de pausa

Embora a prática dedicada seja recompensada em forma de segurança adquirida, pausas no treinamento também são importantes para fixar as habilidades e noções aprendidas. Antes de uma entrevista de emprego, o melhor é tirar um dia de descanso para se concentrar e visualizar mais uma vez as suas metas. Mas não tente aprender mais nada. Cultive um clima de relaxamento e evite qualquer estresse de última hora. Se já tiver cumprido oportunamente a sua lista de tarefas, você poderá ter tranquilidade nesse dia para fortalecer sua autoestima, buscando na memória quais habilidades você tem para mostrar. Não se permita ter pensamentos negativos: prepare-se para a situação iminente mantendo-se positivo, otimista e alegre. Um dia de *spa* ou esportes para gastar as energias podem ajudá-lo a se distrair e relaxar.

O dia de descanso traz dois benefícios: a segurança que você acaba de adquirir

Pequenos e sutis exercícios de fala

A voz e a maneira de falar também contribuem muito para a impressão geral transmitida. Dois exercícios simples para um efeito positivo:

› Para treinar a clareza da fala, use a sequência de palavras CHAVE – CHEIRO – CHICO – CHOVE – CHUVA. Repita essas palavras em voz alta em ritmo cada vez mais rápido.

› Para ativar a musculatura da fala, coloque uma rolha entre os dentes incisivos da frente e leia um texto da sua preferência – da forma mais nítida e articulada possível.

não se perde novamente ("minha fase de treinamento ainda não terminou") e você abandona a "visão de túnel" que teve nesse período por estar focado apenas na impressão transmitida aos outros. É necessário tomar distância de si próprio para ampliar seu ângulo de visão. Tenha em mente que a sua entrevista de emprego não é um conjunto de vários detalhes isolados, e que a situação deve ser vista como um todo. Isso é essencial sobretudo para a linguagem corporal, pois o principal fundamento para causar uma impressão ideal é ser natural e autêntico. Não se trata de concentrar-se desesperadamente em determinados gestos e sinais não verbais, mas de confiar consciente e inconscientemente em sua própria linguagem corporal convincente – algo que, nesse meio tempo, você já terá treinado o bastante.

Pensamentos soberanos, presença soberana

Durante toda a preparação e os exercícios de postura, gestual e expressão facial, especialmente com vistas ao efeito mais autêntico possível, é preciso estar sempre claro: quem deseja otimizar seu efeito sobre os outros também precisa trabalhar na atitude mental. Todo o restante seria mero autoengano, que só serviria para gerar uma discrepância entre os sinais verbais e não verbais. Contudo, se você conseguir mudar sua postura em relação a determinada situação, como se conscientizando de que uma entrevista de emprego não é um contexto assustador e tampouco ameaçador, sua linguagem corporal também mudará automaticamente. Por exemplo: uma pessoa com ideias claramente estruturadas tende a manter comunicação não verbal tranquila, enquanto pessoas interessadas lançam mão de linguagem corporal muito ativa. Então quem está entusiasmado também mostra. E um entrevistado enérgico e exigente se comportará com expressão corporal vigorosa e ampla. Aplicado à sua situação de candidato, isso quer dizer: compareça para a conversa decidido e entusiasmado. Prepare-se mentalmente para a maneira como quer se mostrar e o efeito que deseja causar. Assim você também conseguirá ter uma presença positiva. Demonstre interesse real na situação e nas pessoas envolvidas. Esteja consciente das suas habilidades e competências. Afinal, você só se mostrará soberano como candidato se acreditar em si mesmo, tiver ânsia pelo novo cargo e se sentir bem na situação de diálogo. Com isso, a linguagem corporal eficaz virá naturalmente.

A personalidade é feita de muitos detalhes

A linguagem corporal é uma soma de muitos componentes individuais que só têm força de expressão quando combinados. O repertório da comunicação não verbal começa na postura corporal, passa por gestos e expressão facial e abrange até o contato visual. Você pode usar tudo isso com eficácia para causar uma impressão positiva.

Primeira impressão? Aqui é decisiva!

Praticamente todos os dias encontramos pessoas pela primeira vez e firmamos novos relacionamentos. Nem sempre tais encontros têm grande importância, mas às vezes sim, como durante uma entrevista de emprego. Em casos mais raros, você até conhece o chefe ou o responsável pelo pessoal, que o recebe e toma a decisão final sobre o seu "destino". E até então essa pessoa também só sabe o que você revelou no seu currículo e no material que enviou para a candidatura. O que acontece, então? Duas pessoas totalmente desconhecidas se encontram e criam uma primeira impressão. Mas nesse caso, a impressão transmitida tem consequências diretas.

O porquê de ser assim é algo que todos sabemos por experiência própria. Quando conhecemos alguém, espontaneamente sentimos ou não simpatia por ele, mesmo sem poder explicar. Nossa cabeça toma essa primeira decisão em mera questão de segundos, usando todos os sentidos para tal. À primeira vista, reparamos visualmente na aparência, no vestuário, na postura, no gestual e na expressão facial. Logo de cara registramos a voz acusticamente, inclusive dicção e marcas dialetais. E um outro órgão dos sentidos importante também participa – o nariz, a saber. Não é por acaso que às vezes dizemos que algo ou alguém "não cheira bem". Todas essas impressões, que processamos apenas em quatro segundos, levam a um primeiro parecer. No entanto, é um pouco exagerado dizer, como muitas vezes se afirma, que esses primeiros segundos decidem tudo. É claro que é vantajoso conseguir marcar pontos logo à primeira vista. Mas a conversa ainda está para começar, e você ainda tem chances suficientes de transmitir uma impressão simpática e competente – com a ajuda da sua linguagem corporal ideal.

Convencendo passo a passo

Na maioria dos casos, os primeiros segundos de uma entrevista de emprego são, literalmente, o primeiro passo na trajetória até um novo emprego – ou seja, a hora de pôr os pés na empresa. Até a recepcionista ou a secretária já podem analisá-lo. Por isso, já é aqui que começa a sua *performance* pessoal com o objetivo de convencer. Como? Assuma postura ereta, porém relaxada; mais ou menos conforme o lema: cabeça para cima, barriga para dentro, peito para fora [a]. Atente, porém, para não ficar rígido ou com ares de militar. Entre na sala sorrindo e com passos firmes. Ombros caídos para frente e olhar para o chão são sinais de pouca autoconfiança [b].

Mãos à obra para o sucesso

Após a sua "entrada em cena", vem a próxima etapa decisiva: o cumprimento. Com o aperto de mão você transmite bem mais sinais do que você (e provavelmente o seu interlocutor) imagina – e por isso, é preciso seguir algumas regras importantes: espere sempre que lhe estendam a mão. Segundo a etiqueta, é o membro mais alto da hierarquia que deve iniciar o cumprimento – nesse caso, o seu potencial novo empregador. Caso espere sentado, levante-se no momento certo quando o responsável vier até você. O aperto de mão é determinante para o desenvolvimento restante da conversa. Por isso, esteja atento para começar bem, de forma a já parecer decidido e enfático no cumprimento, mas sem mostrar-se indelicado ou desinteressante. Um estudo norte-americano apontou que candidatos com aperto de mão breve e firme têm maiores chances de sucesso que os concorrentes que cumprimentam de forma fraca ou forte demais. Para um aperto de mão ideal, basta seguir algumas regras simples:

a Com uma postura ereta, porém relaxada, você irradia soberania.

b Ombros caídos para frente e olhar para baixo o fazem parecer inseguro.

1. Segure a mão inteira do seu interlocutor [c]. Quanto maior a superfície de toque, mais autoconfiante e amigável será a impressão causada pelo cumprimento. O movimento deve ser refletidamente fluido. Se dinâmico demais, logo parece nervoso ou até ameaçador. Sem a mão totalmente fechada, o aperto de mão parece frouxo [d]. Um vão entre as duas palmas significa reserva momentânea [e].

2. Mantenha a chamada distância íntima em relação ao interlocutor. A regra geral para a distância adequada entre duas pessoas são cerca de 50 centímetros, um braço estendido ou então um ângulo de 90 graus entre braço e antebraço. Menos que isso causa desconforto, e dis-

Aperto de mão – um cartão de visitas

Não se deve subestimar a força expressiva dos apertos de mão. Por isso, e principalmente na vida profissional, é preciso saber que conclusões extrair de um aperto de mão:

› Um aperto de mão firme permite depreender uma personalidade igualmente firme, autoconfiante e determinada.

› Já um aperto de mão frouxo, em que os dedos não são esticados e a mão do outro não é segurada direito, indica uma pessoa insegura.

› Se alguém usa a mão inteira para cumprimentar, de forma que as mãos se encaixem profundamente, está sinalizando: "tenho abertura a tudo". Ele demonstra empenho total.

› Ao apertar sua mão, quem deixa um vão entre as duas palmas demonstra abertura, mas no momento ainda não deseja revelar tudo de si.

› Pessoas que estendem a mão rígida para cumprimentá-lo também prefeririam manter distância.

› Quem só oferece alguns dedos está presente fisicamente, mas sem participar emocionalmente.

› Se as costas da sua mão ficam para baixo ao cumprimentar, você está lidando com alguém de tendência dominadora e decidida.

› Também parece controlador quem segura o seu antebraço com a mão livre. Ele deseja apoiá-lo e guiá-lo.

› Diferente do que quer expressar quem pousa a mão livre por cima da mão com que você cumprimenta: tal gesto emotivo pode ser compreendido como manifestação de grande estima.

› Esse aperto de mão não deve ser confundido com o chamado "gesto do comerciante de usados", no qual a mão estendida é segurada lateralmente com ambas as mãos. Dessa maneira pretende-se criar uma aparente intimidade, que nem sempre é oportuna.

tância em excesso sinaliza "prefiro mantê-lo a distância".

3. Mãos úmidas são desagradáveis para ambos. Um lenço no bolso da calça ou do casaco permite secar discretamente as mãos pouco antes do cumprimento.

4. A postura corporal também é um fator relevante para cumprimentar corretamente. Portanto, não se incline demais para frente, pois uma postura curvada, mesmo que levemente, causa a impressão de submissão.

5. Evite a qualquer custo a "posição de beijar a mão", na qual o pulso é dobrado com os dedos apontando para baixo [f]. Com ela você também impediria o interlocutor de segurar direito a sua mão.

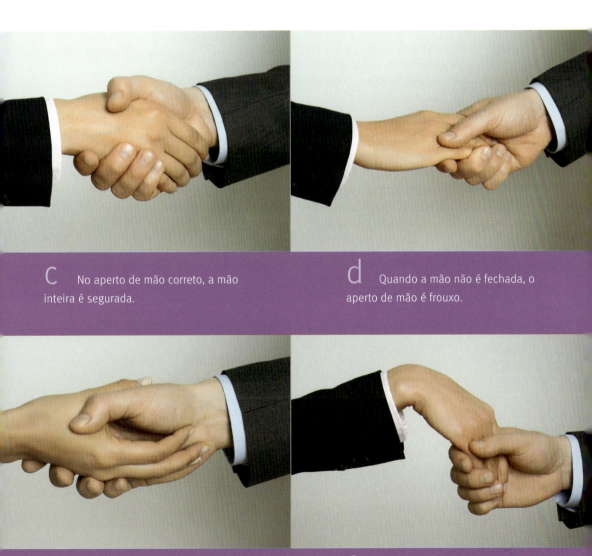

c   No aperto de mão correto, a mão inteira é segurada.

d   Quando a mão não é fechada, o aperto de mão é frouxo.

e   Quem deixa um vão entre as mãos ainda não quer revelar nada.

f   A "posição de beijar a mão", com o pulso dobrado para baixo, deve ser evitada.

Mantenha-se soberano

Os primeiros minutos de uma entrevista de emprego, que são os mais difíceis, contribuem substancialmente para a impressão geral a respeito de um candidato. Mas justamente durante essa fase introdutória, quando a conversa técnica ainda não começou, é que os candidatos sentem-se mais inseguros. A situação como um todo, o interlocutor e o ambiente são totalmente desconhecidos. Muitas vezes não sabemos como devemos nos comportar. Mas justamente o comportamento durante essa fase de transição do cumprimento à conversa propriamente dita diz muito sobre uma pessoa, e geralmente é registrado em detalhes pelo futuro empregador. Por isso, precisamente nesse momento você deve causar uma impressão autoconfiante e soberana, sem parecer amedrontado. A tensão no corpo não só é interpretada pelo interlocutor como sobrecarga, insegurança ou até incompetência. O seu próprio cérebro também recebe sinais de estresse se você se segura firmemente à cadeira com ambas as mãos e ainda enlaça as pernas da cadeira com as suas. A consequência lógica é a sua insegurança crescer como em uma espiral. Por essa razão, é aconselhável tomar consciência dos sinais do seu corpo e reagir objetivamente para controlá-los.

Sinais que devem ser evitados

Reflexos de insegurança podem se manifestar na postura, no gestual e na expressão facial. Eles revelam nervosismo – e na pior das hipóteses, até fazemos o interlocutor compartilhar da ansiedade. Aqueles que conseguem evitar tais sinais de insegurança nos primeiros minutos de uma entrevista inevitavelmente acalmam a si próprios e prosseguem com a conversa de forma mais relaxada. Porém, um pouco de medo de holofotes também é um ótimo estimulante, e encarado pelos chefes de pessoal como algo absolutamente normal. Só é decisivo que o seu nervosismo não prevaleça e não defina a conversa como um todo. O vocabulário da linguagem corporal que permite depreender baixa autoconfiança, e que por isso é melhor evitar, inclui os seguintes gestos:
› recuar durante o cumprimento;
› desviar o corpo da direção do interlocutor;
› manter distância demais;
› franzir o nariz [g];
› tocar-se constantemente na cabeça ou na região do pescoço;
› jogar a cabeça para trás subitamente, com frequência;
› baixar a cabeça;
› balançar a perna;
› enlaçar as pernas da cadeira com os pés [h];
› agitar-se inquietamente quando em pé ou remexer-se na cadeira;
› agarrar os braços da cadeira ou enlaçar o próprio corpo com os braços [i];
› empurrar os óculos para cima, [j], enrolar o cabelo ou mexer nas joias o tempo todo;
› chacoalhar os braços;
› esconder as mãos por trás das costas;
› dobrar os braços na frente do peito;
› brincar nervosamente com os dedos ou batucar na mesa.

g   Quem franze o nariz também aparenta desdém, além de nervosismo.

h   Falta autoconfiança a quem enrosca os pés nas pernas da cadeira.

i   Quem enlaça o próprio corpo também não provoca impressão soberana.

j   Empurrar os óculos para cima constantemente é indício de nervosismo.

Torne-se o favorito

Superado o primeiro obstáculo com a apresentação, começa a parte decisiva da conversa, na qual você deve se vender o melhor possível – tanto pelo que diz como pela maneira como se apresenta. Afinal, a troca de sinais não verbais entre candidato e entrevistador é tão importante quanto o diálogo em si. Pois tudo que você comunica de maneira não verbal contribui para a impressão geral e ajuda na decisão do interlocutor entre simpatia ou antipatia – ou seja, entre polegar para cima ou para baixo. Você pode influenciar essa primeira avaliação cuidando para que sua percepção própria e a de terceiros sobre a sua linguagem corporal coincidam o melhor possível. Isso quer dizer: quanto melhor você puder registrar e interpretar sua linguagem corporal, mais você poderá influenciá-la, e assim uma elevada porcentagem do efeito que provoca estará nas suas próprias mãos. Quando as suas afirmações verbais e não verbais concordam totalmente, você parece digno de credibilidade. E além disso, você pode controlar conscientemente o significado do que diz com sua linguagem corporal.

Autenticidade é triunfo

A autenticidade é a chave para a impressão ideal – mostre-se da maneira como você é e confie, em primeiro lugar, na sua comunicação não verbal intuitiva, que você pode otimizar conforme a situação. Isso inclui a sinceridade, que deve ser seu lema máximo em todos os aspectos. Enfeitar-se com competência e habilidade que não possui não o fará chegar mais longe um passo sequer. Deixando de ter cuidado com a sinceridade, você instantaneamente deixa de parecer autêntico, e perde muitos dos pontos talvez já acumulados no quesito da simpatia. E com linguagem corporal artificial e exagerada também é difícil cativar os outros. Quem, por exemplo, tenta ilustrar cada enunciado com um gesto forçado, parece mais grotesco do que competente. Tal "fingimento" seria percebido num instante pelo interlocutor, mesmo que inconscientemente.

E não se esqueça também: cada sinal da linguagem corporal é, assim por dizer, a materialização de um pensamento ou estado de ânimo. Nossos gestos e expressão facial acompanham nossa postura interior. É por isso que o sucesso de uma entrevista de emprego é determinado predominantemente pela nossa atitude mental, com a qual precisamos saber convencer. E ela também influencia a linguagem corporal. Somos regidos pelas emoções – e os outros também. Sendo assim, os seus sentimentos são uma parte integrante do processo de convencimento que não deve ser subestimada. Esgote, portanto, as inúmeras possibilidades para deixar as emoções virem à tona no âmbito da sua linguagem corporal. Isso é mais eficaz que qualquer palavra! Deixe os seus olhos falarem, demonstre no rosto a sua empolgação com a empresa e o entusiasmo pelo emprego! A condição, é claro, é que ambos sejam reais. Se não tiver verdadeiro interesse em determinada vaga e inclinação positiva em relação a ela, você também não conseguirá sinalizar entusiasmo.

Use o olhar

Dizem que "um olhar diz mais que mil palavras". Isso é verdade – mas ainda assim é muitas vezes subestimado no cotidiano profissional. Um contato visual bem-sucedido é capaz de quebrar o gelo entre duas pessoas em questão de segundos e de influenciar positivamente um diálogo. A regra principal: estabeleça logo de início um contato visual muito consciente com as pessoas presentes (principalmente com o futuro chefe), atribuindo assim a importância adequada à situação, mesmo que sem palavras. Com olho no olho você sinaliza interesse, abertura e disposição ao diálogo. Somente assim os seus argumentos e conteúdos verbais também poderão fazer efeito. Ou será que alguém que olha o tempo todo para o chão conseguiria convencê-lo com palavras? Por isso, mantenha contato com os olhos também durante a conversa. Não deixe o olhar passear por aí. Isso poderia facilmente ser interpretado como insegurança ou falta de atenção. Quem olha em outra direção o tempo inteiro ou deixa o olhar vagar pelo ambiente como se buscasse algo também desperdiça suas chances. O contato visual constante, por sua vez, demonstra atenção e concentração. E, ao mesmo tempo, você consegue se manter no controle da situação, pois nada no comportamento dos outros lhe escapará. Mas o que fazer quando várias pessoas participam da entrevista? Concentre-se sempre na pessoa mais importante – o chefe ou gerente de RH – e mantenha contato visual principalmente com ele. Para as outras pessoas, olhe de vez em quando, mas sem deixar o olhar deslizar nervosamente de um lado para o outro. Ao trocar de parceiro de diálogo, volte-se mais para quem está falando no momento, naturalmente.

O que os contratantes querem saber

Para se apresentar o melhor possível também verbalmente, é preciso estar preparado para perguntas triviais. Treine suas respostas em voz alta – e com boa execução.

› Perguntas gerais: Por que você deseja este emprego? Como você o imagina? Por que devemos escolhê-lo para esta vaga? Quais são os seus pontos fortes e fracos? Quais objetivos você deseja alcançar em cinco ou dez anos?

› Perguntas sobre a carreira: Com que frequência e por que você trocou de emprego? Como é a sua relação com superiores e colegas? Quais cursos complementares você frequentou? O que você aprendeu com os empregos anteriores?

› Perguntas sobre postura profissional e motivação: O que você valoriza como indivíduo? Qual foi o seu maior êxito profissional? Você é capaz de lidar com estresse? Se sim, como você faz para vencê-lo? Você sabe trabalhar em equipe? O que é sucesso para você?

Dicas para um bom olhar

› O contato visual dura no mínimo um segundo e não mais que três. Um olhar prolongado demais faz parecer que estamos encarando, o que é recebido como desagradável e pode até evocar agressividade. É possível desviar rapidamente o olhar de vez em quando, enquanto se formula um novo pensamento.

› Olhos na mesma altura representam uma vantagem, para que ninguém precise olhar para cima ou para baixo. Se necessário, corrija a posição sentada ou em pé.

› Esteja atento a sinais no olhar do interlocutor, a fim de perceber quando ele espera uma resposta sua.

› Não alterne o tempo todo entre os olhos do interlocutor, pois isso causa a impressão de nervosismo. Olhe conscientemente em apenas um dos olhos, ou ainda melhor: foque no dorso do nariz.

apoiados no chão [a]. Pode-se apoiar as costas, mas sem esparramar-se na cadeira [b].

› Ocupe toda a superfície da cadeira, para assumir uma posição firme e estável.

› Mude de posição de tempos em tempos, para reduzir a tensão e não parecer estático demais.

› Incline-se de vez em quando para frente, posicionando os pulsos relaxadamente sobre a mesa, para demonstrar interesse.

Encontre o seu lugar (na cadeira)

Nas entrevistas de emprego estamos sempre sentados, e isso representa o próximo desafio para a linguagem corporal: Como sentar-se corretamente? Em primeiro lugar: sente-se apenas quando for convidado ou depois que o seu interlocutor tiver se sentado.

A maneira certa de se sentar

A postura ideal é sentar-se com as costas o mais eretas possível e com ambos os pés

a   Na posição ideal sentada, ocupamos toda a superfície da cadeira.

› Apoie os braços ou as mãos relaxados sobre as coxas ou os braços da cadeira, desde que não pretenda usá-los imediatamente.

A maneira errada de se sentar

A sua concentração na conversa e a sua autoconfiança também devem ser visíveis na postura sentada. Por isso, não se sente:
› com as mãos cerradas;
› de ombros caídos e costas curvadas;
› rígido e tenso como se tivesse engolido uma vassoura;
› com os cotovelos apoiados nas coxas;
› com dedos entrelaçados ou braços cruzados;
› com uma perna cruzada na frente da outra [c];
› de pernas muito abertas, mesmo sendo homem [d, pág. 54];
› na borda dianteira da cadeira, como se estivesse pronto para correr [e, pág. 54];
› inquieto na cadeira, balançando para lá e para cá.

b Esparramar-se na cadeira provoca impressão de indiferença.

c Uma perna cruzada na frente da outra é indício de baixa autoconfiança.

d Mesmo nos homens, pernas muito abertas são sinal de displicência.

e Quem se senta na borda da cadeira mostra que está pronto para correr.

Marque mais pontos de simpatia

Você se sentou em uma boa posição e está atento para manter contato visual ativo durante a conversa. Mas ainda falta empregar gestual e expressão facial com maestria para poder usar a linguagem corporal como catalisador para a carreira. E para isso, é preciso encontrar a medida ideal. Gestos de menos nos fazem parecer estáticos ou fleumáticos.

No entanto, sacudir mãos e braços nervosamente também não transmite competência e tampouco soberania. E o alcance dos seus gestos também deve ser adequado à situação. Quando estamos sentados, os gestos automaticamente parecem menos amplos. No entanto, os movimentos de braços e mãos também não devem ser minimalistas demais, para que a sua impressão autoconfiante não encolha. O mesmo vale para a expressão facial. Um rosto "congelado" certamente não marcará pontos no quesito simpatia, porque assim você se apresentaria de forma passiva e sem emoções. Contudo, usando todo o seu repertório mímico até quase as caretas, você corre o risco de não ser levado totalmente a sério.

Como marcar pontos

Seguindo algumas regras simples, é possível atingir a excelência nos seus enunciados não verbais e acumular pontos sem muito esforço:

› O ideal é usar as chamadas partes sensíveis do corpo – rosto, tronco, palmas das mãos e interior dos braços. Quem volta essas partes do corpo na direção do interlocutor conquista sua confiança. Mas ao dar de ombros, literalmente, na direção do outro, só conseguimos o efeito contrário. Além dos ombros, as chamadas partes insensíveis do corpo também incluem a região posterior da cabeça, o exterior dos braços e as costas – que igualmente não devem ser voltados na direção do interlocutor.

› Um fundamento para um bom gestual: gestos com os braços acima da cintura parecem positivos [f], e abaixo dela, negativos. Já que, quando sentados, os gestos durante a conversa são feitos apenas na região superior do corpo, é preciso atentar especialmente para que sejam executados de baixo para cima, e não o contrário. Evite a qualquer custo os gestos de "descarte" [g, pág. 56] ou de rejeição, mantendo suas mãos com as palmas para cima ao invés das costas.

› Quando quiser estabelecer uma conexão mais forte com o interlocutor, literalmente aproxime-se, inclinando o tronco levemente para frente.

› Economize nos gestos "dramáticos" e nos gestos com as mãos no rosto. Quem passa a mão no queixo pode realmente parecer pensativo e autoconfiante. Mas, via de regra, é melhor manter as mãos longe do rosto, e usá-las de forma consciente e direcionada.

› Gestos "ameaçadores", de cujo efeito muitas vezes sequer temos consciência no dia a dia – como cerrar os punhos ou apontar o dedo indicador – são absolutamente proibidos.

f Quando sentados, devemos fazer gestos na altura do tronco.

g Gestos "de descarte" causam impressão ruim.

h Quem brinca com a caneta revela inquietação ou nervosismo.

i Puxar o lóbulo da orelha diante de perguntas espinhosas é um sinal inconsciente de estresse.

j Morder o lábio inferior ao ouvir perguntas espinhosas indica vontade de esconder algo.

› Evite brincar com a caneta ou objetos semelhantes [h, pág. 56], e mais ainda apontá-los para o interlocutor.

Seja crível mesmo com perguntas difíceis

É bem possível acontecer de surgirem perguntas incômodas e inesperadas durante a entrevista de emprego. Consequência: reagimos inconscientemente com manifestações de estresse e gestos de constrangimento, como puxar o lóbulo da orelha [i], brincar nervosamente com as joias, jogar o cabelo para trás ou coçar a cabeça ou o nariz. Tirar os óculos apressadamente também revela inquietação. E quem, diante de uma pergunta incômoda, pousa um ou mais dedos sobre os lábios ou morde o lábio inferior [j] demonstra nitidamente ao interlocutor que deseja esconder algo. Embora seja difícil reprimir totalmente reações inconscientes como essas, você deve tentar evitar gestos tão claramente reveladores. Por isso, permaneça o mais tranquilo e soberano possível também diante de perguntas difíceis, para não parecer pouco sincero.

O rosto fala

Muitas informações podem ser lidas no seu rosto. Quando ficamos admirados, por exemplo, abrimos a boca ou erguemos as sobrancelhas. Alguém que se sente superior naquele instante ergue um pouco a cabeça automaticamente. Um candidato que se constrange com uma pergunta tende a "encobrir" o rosto com um gesto. Quem aperta os lábios

Dica extra para mulheres

"Gestos de menina" são inapropriados em entrevistas de emprego. Isso inclui baixar a cabeça lateralmente, fazer beicinho, revolver inquietamente os ombros, sobrancelhas permanentemente erguidas e sorriso constante. Assim você parece tudo menos soberana e competente.

um contra o outro comumente está reprimindo algo.

A expressão facial é a parte da linguagem corporal que somos menos capazes de influenciar. A isso se soma o fato de os sinais faciais terem papel importante tanto ao falar quanto ao ouvir, pois só com eles podemos expressar não verbalmente interesse no que ouvimos. É isso que você também deve fazer ativamente em entrevistas de emprego. Reaja com sua expressão facial aos comentários do seu interlocutor – tanto faz o quanto são importantes de fato ou quantas vezes já foram repetidos. Uma expressão inerte certamente não o fará ir muito longe em uma entrevista de emprego.

O sorriso faz milagres

Por sua vez, o sorriso é algo que funciona sempre. Contanto que seja verdadeiro e aberto, sem erguer somente os cantos da boca. Em uma expressão facial amigável e simpática, os olhos também sorriem junto [k, pág. 58]. Contudo, isso não quer dizer que você deva participar da conversa com um sorriso tenso e permanente [l, pág. 58]. Sua expressão não deve ser

Voz ao telefone e postura corporal

Às vezes uma entrevista por telefone precede a conversa presencial. Nesse caso, a voz é especialmente importante, pois é a única percepção que o entrevistador do outro lado da linha tem de você. Apesar disso, a postura corporal também tem papel fundamental nesse momento, já que influencia diretamente a voz. Se estiver jogado no sofá durante a conversa ou fazendo outras coisas ao mesmo tempo, o seu interlocutor perceberá. Por isso, atente para o encaixe corporal correto também durante telefonemas, e concentre-se totalmente no diálogo. Sorria, pois assim sua voz parecerá mais amigável. Deve-se, porém, responder com tom de voz grave. E deixe sempre o interlocutor terminar de falar!

como uma máscara, mas transmitir uma impressão natural, fazendo-o parecer dinâmico e engajado.

Não despreze a importância da voz

A relevância da voz muitas vezes é subestimada. É claro que não devemos fingi-la, já que isso não funciona por muito tempo, mas é preciso atentar para uma boa impressão. Isso significa tentar não hesitar nem gaguejar, mas falar com calma e clareza. Não fale para dentro nem murmure entre os dentes. Faça pausas pontuais para pegar ar de vez em quando e para pensar no que foi dito. O que é decisivo é o equilíbrio de ênfase e ritmo. Falar de forma lenta ou monótona demais não é só entediante – é tão ruim quanto falar muito rápido ou alternar em excesso entre graves e agudos.

Mantenha-se no controle

Não se esqueça: cada sinal da linguagem corporal é, assim por dizer, a materialização de um pensamento ou estado de ânimo.

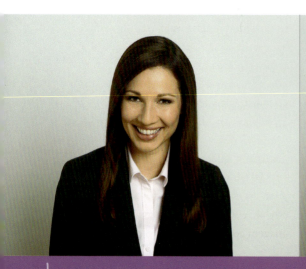

k Os olhos sorrindo junto também integram uma impressão simpática.

l Um sorriso constante, repuxando os cantos da boca, parece pouco natural.

Mas quando a entrevista está a todo vapor e você está preocupado com o conteúdo e com as perguntas feitas, é comum descuidar inconscientemente da linguagem corporal. Assim, aproveite os períodos da conversa em que não for diretamente exigido – como quando o interlocutor estiver falando sobre a empresa – para checar novamente a postura, o gestual e a expressão facial e corrigi-los se necessário. Para isso, memorize uma pequena lista:
› Você está mantendo contato visual ativo?
› Está sentado ereto e com o corpo encaixado corretamente?
› Sua voz está apropriada?
› Sua expressão facial está relaxada e amigável?
› O gestual está adequado?
› Está respirando tranquilamente?

Mais perguntas?
Ainda que as entrevistas de emprego geralmente sejam feitas pelos chefes ou gerentes de pessoal, elas precisam ser um diálogo. Você não deve só responder, mas também fazer perguntas no momento oportuno, para sinalizar seu interesse na vaga disponível e reforçar sua motivação e curiosidade sobre a empresa.

Porém, responder com outras perguntas não é apropriado. Se ocorrer de não saber alguma resposta, peça algum tempo para pensar. Isso também é um sinal de autoconfiança. Apenas quem sabe uma informação é capaz de encontrá-la na memória – mesmo que só depois de refletir. E também ninguém levará a mal se você admitir com sinceridade que não tem nenhuma resposta pronta para uma pergunta naquele instante.

Expressão positiva até o fim
Tenha sempre em mente que, durante uma conversa, você revela muito mais do que só aquilo que diz. Por isso, para deixar uma impressão positiva duradoura e transmitir uma imagem totalmente satisfatória de si, é preciso estar concentrado até o fim da conversa, também no que diz respeito à linguagem corporal. Então mantenha a abertura e a cordialidade mesmo que o diálogo não transcorra como esperado. Afinal, ele só termina pra valer ao se despedir.

O *dresscode* correto
A vestimenta também tem papel bastante importante nas entrevistas de emprego, já que o estilo e as cores do guarda-roupa influenciam em grande medida a nossa imagem aos olhos dos outros. A sua aparência precisa ter força de expressão e jamais sugerir pouco respeito ou falta de seriedade. Escolha roupas adequadas à profissão e mostre que conhece as convenções do ramo, que tem bom gosto e que confia no seu estilo. Quem se candidata a uma vaga em um banco não pode abrir mão do terno e gravata ou do *tailleur*. No ambiente comercial, por sua vez, geralmente se valoriza um vestuário mais leve e estiloso. Mas, por favor: sem se disfarçar, se fantasiar ou usar acessórios que o fariam destoar da situação e querer sobressair a qualquer custo. O importante é que você se sinta bem e que a roupa lhe dê confiança, pois esta se refletirá na sua presença e na linguagem corporal.

Para mulheres, estão totalmente proibidas saias muito curtas, sapatos muito altos, saltos gastos, camisetas ou moletons com mensagens [m] e joias extravagantes [n]. Homens não devem usar gravatas berrantes [o], meias esportivas ou tênis [p]. E para ambos os sexos: seja econômico no perfume. Leia mais sobre o vestuário correto no cotidiano profissional na pág. 102.

Para chegar mais perto do emprego dos sonhos

Quando você aspira a um novo emprego, a chave para o sucesso não está só no que você diz, mas sobretudo na maneira como o diz e em como se apresenta. Com sua linguagem corporal, você transmite sinais – positivos, mas também negativos. Por isso, veja aqui mais uma vez as principais recomendações do que fazer e do que não fazer:

› Reaja ao que o interlocutor diz – com o olhar e a expressão facial. Assim você sinaliza que está ouvindo com interesse e que sabe lidar bem com outras pessoas.
› Curve o tronco levemente para frente e incline-se na direção do interlocutor. Assim você exprime aceitação.
› Mantenha-se atento e concentrado, demonstrando vocação para o entusiasmo. Sacuda afirmativamente a cabeça de vez em quando, intercalando com gestos positivos.
› Sorria ocasionalmente – nos momentos adequados, é claro. Isso ajuda a quebrar a sua própria tensão e também a da situação.
› Mostre-se autoconfiante também com a voz. Fale com ênfase e dinamismo, nem alto nem baixo demais.
› Não baixe o olhar com vergonha nem o direcione estoicamente às paredes. Dessa maneira você não estabeleceria uma relação com o seu interlocutor e transmitiria impressão insegura ou ausente.
› Desabando na cadeira ou se agarrando aos braços dela você transmite pouca soberania e disciplina ou medo do novo.
› Quem se senta apenas na borda da cadeira desperta a impressão de estar pronto para correr. No entanto, afundar-se literalmente na poltrona nos faz parecer largados demais, também nos mostrando pouco profissionais.
› Apoiar-se na mesa é definitivamente uma posição relaxada demais.
› Cruzar as mãos ou os braços na frente do corpo é visto como uma postura defensiva e de proteção, ou como insegurança.
› Mesmo que sua opinião seja diferente da que o interlocutor expressa, ou que ache a dele absurda, você não deve franzir a testa.
› Não coce a nuca ou a parte posterior da cabeça, mesmo se estiver realmente tenso. Com isso você transmite desinteresse puro.
› Não toque o próprio nariz, pois não se trata apenas de um gesto antiestético. Seu interlocutor poderia assumir que você não está sendo totalmente sincero.
› Não se esqueça da respiração!
› Se for mulher, usar atrativos sexuais ou recorrer ao clichê da menininha (olhos muito abertos, cabeça inclinada lateralmente, beicinho, sorriso constante) é antiprofissional e totalmente condenável.
› Para não parecer tolos, os homens devem evitar posturas típicas de machão, como se estufar ou sentar-se de pernas muito abertas.

m   Camisetas com mensagens estão definitivamente vetadas para entrevistas de emprego.

n   Joias espalhafatosas também não são adequadas para o cotidiano profissional

o   Gravatas berrantes e com estampas coloridas não fazem ninguém parecer estiloso

p   Tênis esportivos com terno não são apropriados em nenhuma situação.

Especial: a foto ideal de candidato

Mostrar o seu melhor lado e apresentar-se da maneira ideal não é algo exigido só na entrevista de emprego. Ao candidatar-se por escrito, muitos interessados em vagas já têm sua apresentação pessoal desafiada: na foto que precisam enviar[1]. E com razão. Não é raro uma foto pouco favorável diminuir as chances de êxito de um candidato. De acordo com um estudo da agência pública de empregos do estado alemão da Renânia do Norte-Vestfália, cerca de 50% de todos os candidatos são eliminados logo na primeira fase da seleção devido à foto enviada. Sendo assim:

Profissionais à obra!

Não é problema algum usar fotos 3x4 de máquina para a carteirinha da biblioteca, do transporte público ou da academia – mas nunca para se candidatar a um emprego. Para esse fim, é imprescindível confiar na técnica de um estúdio fotográfico profissional. Com diferentes iluminações e poses e, principalmente, com a possibilidade de fazer o tratamento da foto, pode-se contar com o resultado perfeito, para evitar uma eliminação precoce do processo seletivo. Pois bons fotógrafos fazem nossa personalidade sair na foto.

Estilo

Assim como na entrevista de emprego em si, aqui o estilo adequado também é um requisito (pág. 59). A ideia de vestir roupas fora do comum para chamar a atenção na foto da candidatura, e assim se destacar entre a multidão de concorrentes, deve ser rapidamente descartada. Afinal, não são as suas roupas que precisam convencer ninguém, mas você mesmo como pessoa. Na dúvida, prefira parecer um pouco mais sério do que você geralmente é – ou seja, use o visual profissional clássico. Se estiver inseguro, recorra aos conselhos

a Mostre o seu melhor lado na foto de candidato.

---

1. Nos países de língua alemã, os profissionais devem seguir um processo-padrão de candidatura que inclui o envio de vasta documentação e uma foto [N.T.].

de um consultor de estilo. É um investimento mais em conta do que geralmente pensamos, e que definitivamente vale a pena.

Cabelo
Para elas: você deve parecer arrumada. Isso não necessariamente exige uma ida ao cabeleireiro, a não ser que as pontas do cabelo estejam visivelmente quebradas ou sem corte. Caso tinja os fios, examine bem se a raiz está aparente. Além disso, o cabelo não deve cobrir muito o rosto, já que você deseja convencer com seu olhar franco e aberto. O corte e o penteado devem realçar quem você é, mais do que seguir qualquer moda.

O seu melhor lado
É a mais pura verdade que todos temos nosso melhor lado [a]. Então é melhor descobrir o seu antes de sair para tirar a foto. Teste com amigos ou diante do espelho qual é a sua posição ideal, aquela em que você gosta de si mesmo. Repare também no ângulo de que não gosta, porque assim agradará ainda menos os outros [b]. A posição clássica, levemente de perfil, mostrando no máximo até o tórax e olhando para a câmera, já não é mais imprescindível. E tanto faz posar sentado ou em pé, desde que você pareça sério e profissional.

Sorria!
O mais importante na sua foto profissional é a expressão facial, pois a postura é obrigatoriamente estática, e por isso fica em segundo plano. A concentração deve estar na expressão do rosto, cujo principal requisito é parecer amigável. Sendo assim, um sorriso sincero é obrigatório, assim como um olhar franco. Os olhos, porém, não devem ser arregalados. A expressão facial ideal também pode ser treinada em casa com antecedência. Sorria na frente do espelho e encontre a expressão que mais lhe agrada. E então preste bastante atenção no efeito que transmite.

b Com uma foto desfavorável é difícil marcar pontos.

Linguagem corporal para uma boa convivência

Nosso corpo é revelador – às vezes mais do que gostaríamos. Antes mesmo de dizermos bom dia, nossos colegas já veem como estamos nos sentindo. Porque ele expõe inúmeras informações. Mas quando o usamos com maestria e deciframos corretamente os sinais dos outros, contribuímos para manter um ambiente agradável.

Linguagem corporal entre colegas

Há grandes chances de não passarmos mais tempo com ninguém do que com os colegas de trabalho. Sabemos por nossa experiência diária que nada flui bem no escritório sem disposição ao diálogo e bom nível de comunicação. Nossa sensibilidade é muito aflorada quando se trata de captar o clima no círculo de colegas. Por que a colega não cumprimentou ninguém hoje cedo e infiltrou-se porta adentro de cabeça baixa? Por que o meu funcionário, geralmente tão franco, está me dando as costas mesmo quando falo diretamente com ele? Por que hoje estou precisando insistir para cavar uma informação que antes nunca foi problema? Como podemos ser tão sensíveis justamente no cotidiano profissional?

Muito simples: esse microcosmo é parte imensamente importante da nossa vida, pois passamos mais da metade do dia nele. Num microcosmo que tem suas próprias leis e regras e cujo equilíbrio é fácil de quebrar. Quando a comunicação interna no escritório não funciona, por exemplo. Consequência: indisposições e dissonâncias entre a equipe impactam na motivação e no desempenho. A comunicação bem-sucedida, por sua vez, gera uma convivência positiva e incentiva uma troca sem atritos. Um clima de serenidade sincera pode até ter dar asas ao trabalho. E um ambiente pesado resulta no contrário, fazendo com que nos arrastemos pelo dia de trabalho contando os minutos para ir embora.

Entendimento sem hierarquia

Entre colegas, a boa comunicação verbal e não verbal é tão importante sobretudo porque humores e indisposições contagiam rapidamente os outros dentro da equipe e no espaço restrito do escritório. Um funcionário sobrecarregado, estressado ou mal-humorado é capaz de espalhar um clima de irritação para o departamento inteiro, ou até para toda a empresa. O problema: quanto mais tempo passamos com determinadas pessoas e quanto mais familiarizados estamos em uma coletividade, mais tendemos a descuidar de vez em quando e dar plena vazão aos nossos humores. Se a isso ainda se somar estresse em demasia, é comum haver brechas na convivência consciente e, sobretudo, respeitosa. Nesses momentos e situações, definitivamente não é fácil retomar o rumo certo e prestar mais atenção na própria comunicação – e isso exige, sobretudo, uma perspectiva neutra.

Rumo a uma cooperação agradável!

Somos todos de carne e osso – isso resume bem com o que precisamos lidar diariamente tanto na vida profissional quanto na privada: com pessoas. Todos nós temos bons e maus dias, vivemos alegrias e também preocupações. Além disso, nas empresas reina uma estrutura social peculiar, já que nelas não se embatem apenas indivíduos, mas também diferentes papéis profissionais. Isso quer dizer que é preciso abrigar ambos sob o mesmo teto: o indivíduo privado e o profissional. Não é possível separar um do outro. Mesmo que você mal fale da sua família, do círculo de amigos, das suas atividades de lazer ou de hábitos – ou seja, sobre a vida privada –, os colegas continuam absorvendo um pouco dela, e um dos motivos é a linguagem corporal.

Equilíbrio entre vida profissional e privada

Evidentemente é preciso fazer boa figura no trabalho. Temos determinadas tarefas e responsabilidades, precisamos mostrar desempenho e, possivelmente, orientar e gerir outras pessoas. O papel que temos em casa de bom pai de família, filha compreensiva, ótima mãe, melhor amiga ou parceiro descontraído de esporte fica em segundo plano. Mas será que realmente despimos nosso "traje" privado antes de entrar na empresa? De repente nos tornamos outra pessoa só porque vestimos o terno e a gravata? E o contrário: deixamos o profissional no armário ou no cesto de roupa suja quando o expediente acaba, vestimos a calça confortável de ginástica e nos esparramamos de pantufas no sofá? Não – nós não somos a versão moderna e menos medonha de Dr. Jekyll e Mr. Hyde, o médico e o monstro, vivendo duas vidas isoladas – uma durante o dia, outra à noite e aos fins de semana. Pois não podemos sair da própria pele e somos como somos, não importa em que horário e situação. Sendo assim, quem é espirituoso no período de lazer dificilmente parecerá sisudo quando no escritório. E a mocinha tímida na empresa provavelmente não será nenhum ás do *networking* após o término do expediente.

A linguagem corporal nos identifica

É claro que nos comportamos de forma diferente no ambiente profissional, já que nele as expectativas de nós são outras e precisamos agir com grande objetividade e racionalidade. Apesar disso, a pessoa sentada na cadeira de escritório é inevitavelmente a mesma que no sofá – por causa da linguagem corporal. Afinal, a expressão facial, o gestual e a postura são como uma reprodução ótica do nosso DNA. Nossa linguagem corporal nos identifica o tempo todo. Saber disso é o principal pré-requisito para a melhor comunicação possível dentro da empresa, em todos os planos. Pois essa visão nos ajuda a entender melhor os colegas ao nosso redor e a ser mais compreensivos ao interpretá-los.

Ela também ajuda o profissional a se enquadrar corretamente nessa coletividade e tornar-se parte da equipe. A outra opção seria fingir dia após dia para não revelar nada de si. E rotular precipitadamente os colegas, dividindo-os em "gavetas" sem examinar seu comportamento com cuidado – algo nada desejável, que não seria um bom começo para um trabalho conjunto harmônico e bem-sucedido, que dê satisfação a todos.

O segredo: ser sempre você mesmo

Mas qual é o segredo para uma convivência sem atritos? Quem deseja se sentir bem no local de trabalho precisa, antes de tudo, ser sempre autêntico. O que o dramaturgo austríaco Hugo von Hofmannsthal resumiu em palavras no início do século XX hoje é mais atual do que nunca: sempre é diferente ter uma postura de verdade, qualquer que seja ela, de apenas fingir tê-la. Quem causa impressão artificial esbarrará, de uma maneira ou de outra, em problemas no trato com os outros – principalmente com os colegas, com que somos obrigados a manter relação próxima.

Parecer autêntico é a base ideal para ser visto como um colega simpático e agradável. Ou seja: um colega que as pessoas gostam de ajudar e apoiar. Pois como já sabemos, exércitos de um homem só geralmente não chegam muito longe. Se a sua presença estiver em concordância com a sua atitude interior e com suas afirmações, você parecerá natural, digno de confiança e, com isso, simpático. Uma enorme vantagem para um bom trabalho em equipe.

Uma sabedoria clássica

Nas palavras de Goethe em *Anos de aprendizado de Wilhelm Meister*: "Aceitando as pessoas apenas como são, as fazemos piores. Tratando-as como se fossem o que deveriam ser, fazemo-nas chegar aonde devem."
Por que esse pensamento da sabedoria clássica haveria de ter mudado?

A questão da simpatia

Reflita: ao pensar em alguém simpático, quem do seu círculo de colegas lhe ocorre espontaneamente? Como essa pessoa é? Por que você tem a impressão de que é um colega agradável ou amável? Talvez você se lembre do olhar franco e direto dele, ou da mão que faz um gesto espontâneo na sua direção. A pessoa em questão é um ouvinte paciente e concorda oportunamente com a cabeça quando você está contando algo. Ou toca empaticamente o seu ombro ao tratar de um tema difícil.

E agora o contrário: Quem da sua equipe você acha especialmente desagradável? Quem lhe provoca arrepios só de pensar? Se por um instante você se desviou um pouco para um dos lados, é porque está na pista certa. Pois só de pensar em alguém que consideramos antipático, o nosso corpo fala, e nos faz instintivamente tomar distância. Talvez o colega em questão boceje o tempo inteiro, sem disfarçar, durante a conversa? Ou fique olhando pela janela ou para o relógio enquanto você tenta explicar algo? Ele cruza as pernas e vira o tronco na outra direção, criando uma barreira entre vocês?

Dessa e de outras maneiras parecidas nós classificamos cada um dos colegas na nossa hierarquia pessoal da simpatia, e achamos o trabalho conjunto com alguns mais agradável que com outros. Isso geralmente também influencia o nosso comportamento perante esses colegas, fazendo-nos tratar alguns de forma melhor ou mais gentil que outros. Um comportamento inconsciente, mas que só prejudica a nós mesmos. Afinal, precisamos trabalhar com todos, e às vezes também dependemos daqueles que não classificamos como simpáticos. Então só nos resta mudar a própria atitude e a maneira como lidamos com eles. Essa tática muitas vezes tem um efeito surpreendente. O motivo: alterando de forma positiva o nosso comportamento em relação a uma pessoa, essa mudança se reflete nela. Isso significa que o comportamento do outro perante nós também muda, e ocorre uma aproximação. Nossa visão e nossa opinião sobre essa pessoa se adaptarão ao "novo" relacionamento, e se tornarão melhores. Assim você só tem a ganhar, mesmo que de início precise se forçar a ser gentil.

Apesar de todas as boas intenções, em uma equipe de colegas sempre há novas indisposições, e isso é absolutamente normal. Estresse, pressão de prazos, assumir o trabalho do colega devido a uma longa ausência e fardos na esfera pessoal podem prejudicar rapidamente o clima. Mas justamente nesses casos o trato adequado com os outros é a solução ideal para reconhecer imediatamente os conflitos e resolvê-los ou até preveni-los. Em uma situação tensa, dar um sorriso espontâneo para os que estão ao redor às vezes já ajuda a acalmar por um tempo – eventualmente até por um período mais longo. Ademais, isso é contagioso, como você já leu acima.

a A boa convivência inclui respeitar a zona de distância correta.

Regras de ouro para uma boa convivência

A seguinte máxima é sempre válida: por princípio, tato e respeito vêm em primeiro lugar no trato com os colegas.

1. Respeite o "território" do outro [a], tanto profissionalmente quanto no trato direto com ele. Isso quer dizer: não chegue perto demais, senão provocará agressão ou recuo.

2. Exponha o seu ponto de vista mantendo um clima relaxado, com voz calma e o máximo de objetividade possível.

3. E faça chuva ou faça sol, mostre-se capaz de trabalhar em equipe e não tente resolver todos os seus assuntos sozinho.

4. Por meio dos seus sinais não verbais, você pode reforçar o pensamento em equipe. Mostre que você está pronto para tratar dos fluxos de trabalho em conjunto e de forma pautada por resultados falando uma linguagem corporal aberta: com gestos convidativos e expressões amigáveis.

5. Ouça com concentração e interesse enquanto um colega fala ou apresenta. Movimentando levemente a cabeça, você sublinha o seu interesse.

6. Faça perguntas sem parecer severo ou mostrar ar superior. Mantenha-se relaxado e aberto a sugestões e pontos de vista. Sorria ao fazer mais perguntas e faça gestos com as palmas das mãos para cima.

Não dê chance para os conflitos

As situações de conflito no trabalho muitas vezes são fruto de mal-entendidos e problemas de hierarquia. Por exemplo: você está na sua mesa, absorto no trabalho. Uma colega entra apressadamente na sua sala, atira alguns documentos sobre a sua mesa de forma temperamental e, sem dizer nada, desaparece novamente. É preciso ter muito boa vontade para interpretar essa postura como de seriedade e zelo no trabalho. Mas, logo no dia seguinte, a mesma situação pode se desenvolver de maneira muito diferente: a colega o cumprimenta amigavelmente, diz algumas palavras sobre o clima e explica o motivo para lhe estar entregando esses importantes materiais. Pode haver muitos motivos para a situação ter ocorrido de jeitos diferentes nos dois casos: no primeiro, a colega pode ter tido um dia ruim devido a problemas pessoais ou a um projeto estressante. Mas antes você talvez possa ter sinalizado sem perceber algo que a magoou, verbal ou não verbalmente – talvez com um gesto ou afirmação que tenha feito parecer que se sente superior a ela.

Assim como a nossa linguagem corporal pode ser mal-interpretada, o mesmo pode acontecer num instante com os sinais de nossos colegas. É por isso que precisamos agir refletidamente e também lidar de forma igualmente consciente com os sinais que recebemos. Em outras palavras: antes de julgar o comportamento de nossos colegas, é preciso perguntar. Muitas vezes a situação não tem absolutamente nada a ver conosco.

Outra cena do cotidiano no escritório: você está sentado à mesa quando um colega entra na sala e fica parado na sua frente [b, pág. 72]. Você precisa olhar para ele de baixo para cima, o que o faz se sentir instantaneamente pequeno e insignificante. Quem está em pé domina a situação. Se o interlocutor ainda se encostar na mesa ou até se curvar por cima dela, a sua sensação de desequilíbrio de forças se intensificará ainda mais. E se vier por trás de você [c, pág. 72], talvez para mostrar ou explicar algo na tela, a impressão de dominação que ele transmite passará a ser de ameaça. O que fazer em uma situação como essa?

Comunicando-se de igual para igual

Dentro de uma equipe, a meta deve ser cooperar e se comunicar sem estruturas hierárquicas. Isso significa, naturalmente, que você próprio também deve seguir essa regra e evitar demonstrações não verbais de poder. Assim, mesmo que possíveis conflitos de poder sejam iniciados pelos outros, você lhes jogará um balde de água fria, pois as ofensivas só são conscientes na minoria dos casos. Tenha como máxima o ato de comunicar-se sempre com os colegas de igual para igual, e compense nuanças hierárquicas por meio da sua linguagem corporal:

› Se quiser conversar com um colega que está sentado, sente-se também em vez de manter-se de pé.
› Se você próprio estiver sentado e o interlocutor de pé, coloque-se no nível dele, ou seja, levante-se também [d, pág. 72].

b O colega em pé domina a situação, e a sensação do outro é de estar por baixo.

c Posicionar-se por trás da mesa da colega transmite impressão ainda maior de poder.

d Comunicar-se de igual para igual significa colocar-se no mesmo nível do colega.

› Sinalize seu interesse ou concordância com expressão facial amigável, sorriso sincero, contato visual ativo e postura voltada para o interlocutor, fortalecendo assim o espírito de equipe.

O reconhecimento exige gestos

Estima, reconhecimento e uma convivência respeitosa são os melhores pressupostos para a comunicação harmônica no escritório. Eles motivam e impulsionam o desempenho profissional. Por isso, devemos expressar nosso reconhecimento não só verbalmente, mas também mostrá-lo. Sinalize conscientemente aos colegas que você os apoia. Demonstre sua abertura em relação a eles. Use seu gestual e expressão facial para transmitir de forma discreta, porém reconhecível, o quanto você gosta de alguém e o respeita. "Quem poupa reconhecimento está economizando no lugar errado", resumiu acertadamente o humanista norte-americano Dale Carnegie já há algumas décadas. Portanto, dedicando atenção e estima aos colegas, você cria alicerces valiosos para uma boa relação profissional.

A sinceridade é obrigatória

Mas tenha cuidado: aqui também se aplica a regra suprema da autenticidade e da sinceridade. Adular alguém só porque precisamos ou queremos conseguir algo pode até produzir êxito instantâneo, mas a longo prazo não ajuda em nada a ter uma cooperação proveitosa. Só quem é estimado com sinceridade sente-se bem e motivado e tem prazer no trabalho em equipe. Mas tenha sempre em mente que, distribuindo elogios constantemente, você se coloca acima dos seus colegas, e isso pode estimular indiretamente o desempenho deles. Porém, via de regra, vale: se alguém me transmite a sensação de reconhecimento, procuro a sua companhia.

Demonstre a sua estima

Para expressar estima não só com palavras, mas pelo comportamento, cabe tomar a peito os seguintes fundamentos:
› Para uma boa convivência, estima e competitividade não podem vir juntas. Sendo assim, ao reconhecer o desempenho de outra pessoa, aceite ficar momentaneamente em segundo plano.
› Seja atencioso. Repare no comportamento e no humor dos colegas e procure se antecipar nas suas reações. Alguém está parecendo exausto na reunião? Então não hesite em sugerir uma pausa.
› Olhe nos olhos das pessoas do seu círculo de convivência. Com o olhar você transmite consideração e reconhecimento. Evitar contato visual com alguém, mesmo que sem razão, é um gesto interpretado como falta de estima, de interesse ou de educação.

Valorizar o outro rende frutos

Mostrando reconhecimento é possível motivar colegas e a si mesmo, já que a estima e a convivência respeitosa são um estímulo importante para o desempenho profissional. Quem atua em um ambiente de trabalho reservado ou até destrutivo é mais suscetível a conflitos.

e Entre com postura ativa e ereta na sala de reuniões.

Êxito em reuniões

Uma situação peculiar no cotidiano do escritório são reuniões e encontros. Pois neles não importa apenas se sair bem no trato interpessoal, mas também o trabalho em equipe especializado e defender a própria posição. Nas reuniões de equipe, o seu objetivo sempre deve ser transmitir impressão autoconfiante e convincente. Independentemente de diretores, gerentes de departamento ou líderes de projetos estarem ou não presentes entre os funcionários, é recomendável atentar aos seguintes fatores:

› Entre com postura ativa e ereta na sala de reuniões, com passos firmes e em ritmo adequado [e]. Não entre se arrastando nem perambulando, pois assim não pareceria nada motivado ou soberano.

› Não aperte os braços junto ao corpo – ocupe o espaço que lhe cabe.

› Olhe os participantes intencionalmente nos olhos, mas sem encará-los eternamente. Uma boa dose de contato visual já basta.

› Observe os movimentos dos outros participantes e "dance" no mesmo ritmo da linguagem corporal do grupo. Quando alguém se debruçar para frente, faça o mesmo. Assim você é mais bem notado pelos membros da equipe. O efeito desse método de espelhamento baseia-se no fato de vermos pessoas que fazem os mesmos gestos como mais simpáticas. Assim promovemos mais coleguismo.

› Evite gestos de desaprovação [f, pág. 76] para não causar a impressão de desinteresse ou pouca receptividade às sugestões ou opiniões dos outros.

É proibido brincar!

Lembro-me de um gerente de equipe que em todas as reuniões ficava brincando com a caneta. Enquanto explicava alguma coisa ou ouvia seus funcionários, o utensílio de escrita pulava do dedão para a palma da mão e de um dedo para o outro. Por vezes a brincadeira era tão dinâmica que a caneta voava pelos ares por cima da mesa de reunião. É evidente que, com isso, o malabarista da caneta só deixava mais à mostra sua insegurança e seu nervosismo. Portanto, brincar com objetos para tentar suprimir gestos nervosos não funciona nem um pouco. Pelo contrário: chama ainda mais a atenção dos outros participantes para a tensão que você está sentindo. Quando estiver nervoso, o melhor é estabilizar-se com goles regulares no copo d'água ou anotando de vez em quando uma palavra-chave. Isso também transmite segurança – e assim a caneta cumpre sua verdadeira função.

› Não se esparrame frouxamente na cadeira. Assim você pareceria um ouvinte passivo e entediado em vez de um participante ativo nas decisões.
› Mas também não se sente como se estivesse na montanha-russa, agarrando-se firmemente à cadeira [g, pág. 76]. Assim você pareceria tenso – e realmente estaria.
› Quando não precisar usar as mãos no momento, apoie-as abertas no colo [h, pág. 76] ou na mesa.
› Quando tiver algo a dizer, fale de forma clara e em alto e bom som, para entusiasmar o grupo por suas ideias.
› O que você quer dizer com a sua postura corporal? "Não tenho nada a temer": então sente-se relaxadamente, com as costas apoiadas na cadeira. "Sou importante aqui, tanto para a empresa quanto para a equipe": então mostre o peito aberto.
› Evite quaisquer gestos de constrangimento (pág. 35), como tocar a nuca, brincar com o colar ou puxar o lóbulo da orelha [i, pág. 76].

Trabalho em equipe – mesmo sem palavras

Motivar-se mutuamente entre colegas, com base em uma troca vívida e sobretudo positiva, é proveitoso para todos os envolvidos. Mas qual é o efeito concreto de determinados sinais da linguagem corporal no local de trabalho? Quais são os pequenos e grandes deslizes que podemos cometer no escritório? E como funciona um trabalho em equipe sem atritos do ponto de vista da linguagem não verbal? A sabedoria popular diz que cada um tem os colegas que merece. Pode parecer um

f Com gestos de rejeição sinalizamos não estar abertos a opiniões diferentes.

g Agarrando-se aos braços da cadeira você sempre parece tenso.

h Pouse as mãos relaxadamente no colo até precisar delas para fazer gestos.

i Quem puxa o lóbulo da orelha com frequência causa impressão de insegurança.

prognóstico sombrio, mas tem muito de verdade. Se você rejeita uma pessoa e se comporta de forma correspondente, jamais será capaz de construir uma boa relação com ela. Sendo assim, não rotule logo de cara alguém com quem você talvez ainda precise trabalhar por anos, pois assim só prejudicaria a si mesmo. Em vez disso, mantenha-se aberto e dê a essa pessoa uma segunda chance – talvez até uma terceira. Afinal, as pessoas podem mudar, e podemos influenciar ativamente nossos relacionamentos interpessoais. Por exemplo, mudando conscientemente de comportamento e tratando um colega até então pouco estimado como se (já) fosse simpático para você. Ao fazê-lo, as chances de isso realmente acontecer são altas.

Conquiste os colegas de trabalho

Apesar de todos os seus esforços, é impossível construir um bom relacionamento imediato com todos os colegas. E às vezes é necessário um pouco de paciência para cativar um membro da equipe.

1. Antecipe-se no bom exemplo e procure se mostrar simpático. Ao fazê-lo, seja autoconfiante, mas não arrogante.

2. Não empine demais o nariz, no sentido literal da palavra. Comunique-se de igual para igual, de forma amigável e harmônica, porém pragmática. Para tal, direcione sempre o olhar e a postura ao interlocutor.

3. Demonstre interesse autêntico nos colegas, pergunte sobre seus planos ou projetos em andamento e elogie até mesmo os pequenos êxitos, desde que lhe causem satisfação sincera. Respeite, contudo, a fronteira para a curiosidade. Não seja insistente se um membro da equipe só quiser contar pouco. A melhor forma de sinalizar que está ouvindo com interesse é sorrindo levemente e balançando regularmente a cabeça.

4. Não se mostre fechado perante os colegas, voltando-lhes o ombro ou as costas ou ouvindo com feições impassíveis e braços cruzados.

5. Melhore o ambiente na empresa indo além da postura ereta e da expressão vívida, contribuindo principalmente com um sorriso interno e com olhares amigáveis.

6. Não espere que os colegas se dirijam a você. Procure os outros e mostre-se aberto tanto na comunicação quanto na linguagem corporal.

7. A melhor estratégia para um bom relacionamento com os colegas: seja você mesmo o colega que gostaria de ter. Lembrando-se sempre disso, você se comportará do jeito certo automaticamente.

Empatia como fator de sucesso

A formação de grupos dentro da empresa é absolutamente natural. As origens remontam aos tempos antigos, quando os seres humanos precisavam se agrupar em bandos para sobreviver. Cada indivíduo do clã tinha sua posição e suas tarefas e

sentia-se seguro e protegido – também pelo fato de haver alguém na liderança, via de regra o mais forte, ao redor do qual se podiam reunir.
Esse fenômeno ainda pode ser observado nos dias de hoje. Os demais funcionários gostam de se agrupar em torno dos colegas que têm presença autoconfiante, se impõem em projetos e reuniões, estão à vontade e cumprem sua função com soberania, para lucrar com a posição fortalecida do colega ou buscar apoio nele. Ser ou não visto como "chefe da tribo" depende principalmente da presença que você irradia e de ser ou não capaz de conquistar as pessoas. Se for esse o seu objetivo, a palavra mágica é empatia (cf. pág. 178). É praticamente certo que você terá ao seu lado qualquer colega que tratar com interesse, compreensão, compaixão e apoio sinceros. Mas como adquirir essa almejada virtude, já que ninguém simplesmente nasce com ela? Como a maioria dos ditos talentos sociais, a boa empatia pode ser treinada – e a melhor forma é por meio da comunicação interpessoal, verbal e não verbal.

Demonstre empatia

Não é fácil lidar com colegas implicantes, pessimistas e que só falam de problemas, da mesma maneira que com os céticos, os ranzinzas e os que são de lua. Ainda assim, demonstre empatia e boa vontade em ajudar.
› Um olhar franco e interessado nunca erra. Adicionalmente, é possível reforçar sua simpatia tocando levemente o ombro ou o braço do colega [a]. Se ele recuar um pouco, respeite a distância dele ao aplicar seus sinais não verbais.
› Mantendo-se amigável, sereno, paciente e tolerante, você sempre chega mais longe em qualquer situação – e o seu equilíbrio contagia os outros. Mesmo em situações de estresse ou tensão, evite gestos que pareçam inquietos ou ameaçadores ou expressões contraídas [b]. Suas mãos devem apostar em movimentos tranquilos de baixo para cima. Mostre as palmas, não as costas das mãos. E atente para manter a musculatura do rosto relaxada.
› Demonstre respeito por colegas mais velhos ou mais experientes. Segure a porta e deixe-os passar na frente. Essa atitude não tem nada de servil. Bem mais que isso, você demonstra estilo e modos, e cria boas bases para um tratamento de igual para igual com o colega. O respeito que demonstramos por nossos colegas de equipe volta para nós. Deixe sempre o interlocutor terminar de falar e não interrompa ninguém. Pois o ditado "tudo que vai, volta" também se aplica ao cotidiano profissional.

Seja conciliador

Mesmo mostrando respeito e empatia na convivência com todos, é totalmente normal se entender melhor com alguns colegas que com outros. Uma linguagem corporal consciente pode ser de extrema ajuda justamente no trato com aqueles com que a comunicação tende a ser mais complicada, quando as tensões surgem com mais facilidade. Em uma conversa necessária, por exemplo. Como?

Linguagem corporal entre colegas

› Demonstre uma postura corporal aberta, voltando-se de frente para o interlocutor e respeitando a distância de cerca de um braço. Melhor ainda se puder se posicionar em ângulo reto em relação a ele. Virar o tórax em outra direção, literalmente dando de ombro para o outro, é algo que deve ser evitado.

› Com gestos benevolentes, com as palmas das mãos voltadas para cima, é possível ressaltar positivamente o que você está dizendo. Já os gestos de desaprovação, descarte ou desdém têm, por sua vez, efeito negativo.

› Olhe para o interlocutor de forma amigável e interessada, sorrindo e abanando

a Tocando levemente o braço ou o cotovelo, você demonstra simpatia.

b Em situações de tensão, evite gestos bruscos ou nervosos com os braços.

levemente a cabeça. Caso também queira sinalizar que é bem-intencionado e não representa perigo, incline um pouco a cabeça lateralmente. Assim você mostra a região mais vulnerável do seu corpo, em um gesto avesso a qualquer embate.

Mantenha contato visual

O contato visual é de grande importância nessas situações, pois cara a cara a comunicação não verbal ocorre na sua forma mais direta e, por isso, com mais forte efeito. O olhar do interlocutor pode revelar muitas informações. E, ao contrário, o seu próprio olhar também pode dizer muito:

› Quem está inseguro ou inibido comumente olha de baixo para cima. Evite esse "olhar rebaixado" [c], pois assim você automaticamente se coloca em posição de mais fraco em diálogos difíceis. Se perceber esse comportamento no olhar do interlocutor, tente acabar com a insegurança dele inclinando levemente a cabeça para o lado e assim se mostrando um pouco mais vulnerável.

› "Estou olhando pra você, garota." Essa célebre fala do filme *Casablanca* deveria ser mandamento, porque nos irritamos com pessoas que não olham direito para nós. Sendo assim, dê sempre bom exemplo, e procure estabelecer contato visual. Somente assim você construirá uma relação real com o seu interlocutor.

› Quem está realmente convencido do que diz olha o interlocutor diretamente nos olhos [d].

› E quando estiver defendendo uma opinião, mostre o dobro de firmeza – com argumentos e também com o olhar. Mas não encare. Sustentar o olhar pela duração de um pensamento é a medida certa.

› Você tem o hábito de olhar por cima dos óculos em determinadas situações [e]? Não faça isso. Pois assim você causa impressão severa e dominadora, parecendo mais um professor austero e impopular que um colega simpático.

› Se tiver dificuldade em manter contato visual com o outro, use um truque simples: concentre-se na raiz do nariz do interlocutor.

› Um colega olha por cima da sua cabeça durante a conversa ou em outra direção [f]? Possivelmente está com o pensamento em outro lugar, não tem interesse no tema ou tem um problema pessoal com você. Qualquer que seja o caso, esse comportamento é extremamente grosseiro e pretensioso. O que você pode fazer em uma situação como essa? Obrigue-o a dar uma olhada em você ou ao menos no tema tratado, fazendo-lhe uma pergunta, mostrando alguma coisa, desenhando algo no cavalete ou apresentando um gráfico. Conseguindo "fisgá-lo", tente estabelecer uma relação com base na simpatia. Mantenha a abertura.

› Com o olhar, estabelecemos contato sem palavras e intensivamente, mesmo quando num grupo. Quem é olhado sente-se aceito e integrado. Quem não é, tem a sensação de exclusão ou desprezo. Por isso, quando estiver em contato com várias pessoas, sempre atente para integrar com o olhar todos os participantes.

c Quem olha de baixo para cima parece inibido e enfraquece sua posição

d Com contato visual direto, o que dizemos fica ainda mais convincente.

e Olhar por cima do óculos causa um ar severo e professoral.

f Quem não olha para o colega pode não estar interessado no tema.

Sinais nítidos e expressões claras

Você acredita ser capaz de esconder bem os seus ânimos assim que pisa no escritório? Que as pessoas não percebem se está enfrentando um período estressante na vida particular ou se acabou de se apaixonar? Então é melhor encarar a realidade de frente: mesmo que nem uma palavra sobre suas preocupações ou intenções particulares saia dos seus lábios, o seu corpo diz muito. Os seus colegas captam mensagens muito claras – mesmo sem palavras. Olhar desviado, expressão facial cansada, gestos desconcentrados ou postura frouxa [a]; um sorriso ale-

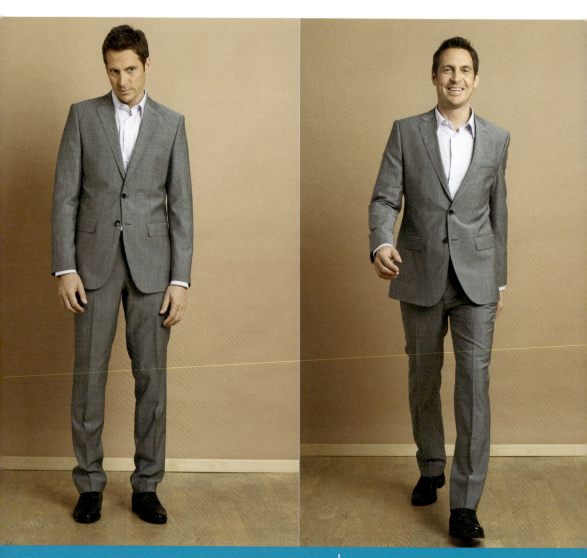

a Postura frouxa e olhar desviado são sinal de insatisfação.

b Olhos sorridentes e andar vívido demonstram satisfação.

gre, olhos brilhantes, andar ereto [b] ou um gesto cordial – as pessoas que estão ao seu redor percebem tudo isso e interpretam os sinais recebidos, consciente ou inconscientemente.

E é claro que, com sua linguagem corporal, os seus colegas também são painéis de informações ambulantes. Por isso, a ordem é: observar atentamente. Pois para descobrir os verdadeiros pensamentos e motivos, ouvir com atenção definitivamente não basta. Mas assim que também compreender os sinais do corpo, você poderá ler seus semelhantes como um livro aberto. Confiança ou desconfiança podem ser percebidas, assim como simpatia ou antipatia, interesse ou desinteresse, concordância ou recusa.

Na prática a cena pode ser assim: alguns colegas estão acomodados junto à máquina de café, e você se junta a eles. Em frações de segundo, você registra inconscientemente que um colega o cumprimenta exalando alegria, abrindo-lhe literalmente o coração com braços escancarados. Outro, por sua vez, desvia o corpo quase imperceptivelmente ou dá meio passo para o lado. Uma pequena situação cotidiana como essa já diz muito a seu respeito e sobre a sua posição na empresa, o que certos colegas pensam de você, qual é o seu efeito sobre os outros e até qual é o seu grau de integração. Pela maneira como alguém se comporta em relação a você é possível sentir se ele nutre ou não simpatia pela sua pessoa. E nos sinais não verbais, você pode interpretar a dinâmica de qualquer grupo dentro de uma empresa ou equipe. Quem o vê de forma favorável o recebe de forma amigável, aberta e frontal. Colegas que você ainda não conseguiu cativar tendem a ter atitude mais distante ou a tentar se posicionar como mais fortes.

Enviando os sinais certos

Nosso corpo expressa-se bem mais rápido do que podemos fazer com palavras. Querendo ou não, nossos sentimentos estão no controle de alguns grupos musculares, e transmitem sinais inconscientes desse modo. No fim das contas, isso quer dizer que nossa linguagem corporal faz e comunica o que quer. Você realmente pode tentar empregar sua linguagem corporal com mais consciência. Mas se começar a aprender de cor determinados movimentos de mãos, gestos ou expressões faciais visando a determinado efeito, logo só conseguirá o contrário. Pois assim sua linguagem corporal aparentaria ser forçada e você pareceria artificial e inverossímil. Por isso, respeite sempre a regra mais decisiva e importante: mantenha-se autêntico! Demonstre seus verdadeiros sentimentos e não tente ocultar sua postura interior. Via de regra, quem admite suas emoções é considerado uma personalidade forte, respeitado e levado a sério. E por outro lado, não simule um estado de espírito inexistente. Não diga que é um prazer enquanto mantém os ombros caídos e o olhar triste. Só depois de interiorizar o preceito da autenticidade como principal fundamento para causar um bom efeito, você poderá dar o próximo

c   Mãos ocultas são sempre sinal de insegurança.

d   Ombros caídos para frente demonstram desorientação e baixa autoconfiança.

e   Mesmo quando faz calor, ombros nus aparentam pouca seriedade no ambiente profissional.

f   Usar paletó dá impressão de estatura mais larga, com efeito soberano.

passo para tentar otimizar postura, gestual e expressão facial. Assim, em vez de manipular sua linguagem corporal, você refina o seu estilo pessoal de comunicação não verbal. Faça o melhor dele.

Sinais das mãos

Um sinal de insegurança são mãos imóveis e ainda ocultas por baixo da mesa [c]. Suas mãos devem estar sempre à vista para sinalizar que você não tem nada a esconder. Procure sempre reforçar o que diz fazendo gestos naturais.

Encolher os ombros

Os ombros têm importância significativa para a impressão geral que causamos e, por isso, são um aspecto relevante da linguagem corporal. Ao conversar com colegas, experimente observar conscientemente essa parte do corpo. O gesto de encolher os ombros, mesmo que levemente, revela insegurança do falante, e que não está totalmente convencido do que diz. Ombros caídos para frente [d] remetem automaticamente às costas de um gato eriçado, em um sinal de desorientação e autoconfiança reduzida.

Os ombros transmitem estímulos sexuais e são muito usados no flerte. Mostrar os ombros nus [e] e fazer charme com eles prejudica sua imagem de seriedade profissional. Por isso, o vestuário de trabalho também deve proteger dessas associações indesejadas. Aliás, é por essa razão que o uso de paletós é tão difundido no ambiente profissional: porque ocultam movimentos reveladores de ombros e, assim, também sinais indesejados. Ademais, dão a impressão de estatura mais larga [f], o que nos faz automaticamente parecer mais soberanos.

Posição sentada

A posição sentada também contribui muito para a forma como somos vistos. Encolhendo-se e parecendo pequeno, você se sente da mesma maneira e irradia a mesma impressão. Eis o teste:

› Sente-se ereto na cadeira de trabalho, abra o peito, pouse as mãos sobre as coxas, firme ambas as pernas no chão, olhe para frente de cabeça erguida e diga: "Sou um fracote fracassado". Você logo perceberá que tal afirmação não combina com a sua postura, pois nessa posição ereta você se sente forte e irradia o mesmo. Naturalmente, o experimento inverso também funciona. Sentando-se sem encaixar o corpo, com os ombros caídos e os joelhos frouxos na cadeira, você só conseguirá pronunciar com muita dificuldade a frase "sou bem-sucedido e sei me impor com firmeza". Encontre uma boa mistura de relaxamento e encaixe corporal para parecer autoconfiante, convincente e natural.

Reconhecendo sinais corretamente

Se é tão útil saber usar a própria linguagem corporal com consciência e habilidade, igualmente decisiva é a capacidade de reconhecer e interpretar os sinais dos outros. Quanto mais precisamente você souber perceber o estado de espírito de

g   O corpo virado em outra direção mostra que o clima está tenso.

h   Cantos da boca caídos sinalizam tensão e dificuldades.

i   Uma expressão apática e triste também pode ser um pedido de ajuda.

j   Quem entrelaça aflitamente os dedos pode estar precisando de apoio.

um colega, melhor você poderá reagir. Consequência: quem se sentir compreendido por você automaticamente o achará simpático, e estará pronto para um relacionamento construtivo.

Pedidos não verbais de ajuda

Para esfriar logo de cara os conflitos dentro da equipe ou da empresa, é preciso reconhecer precocemente se a tensão está reinando no ambiente ou se alguém está precisando de ajuda e apoio. Nada é mais esclarecedor que os sinais não verbais dos seus colegas. Perceba potenciais dificuldades e então reaja. Assim você não só faz um favor a si próprio: os outros também lhe darão o devido respeito como um solucionador de problemas. Eis alguns sinais não verbais nítidos de que algo não vai bem:
› postura corporal caída ou fechada;
› corpo desviado da direção do interlocutor [g];
› braços e ombros caídos;
› cantos da boca caídos [h];
› olhar baixo, mal permitindo contato visual;
› voz baixa ou até trêmula;
› movimentos afoitos;
› lábios apertados;
› rosto inexpressivo [i];
› gestos defensivos ou de reprovação, como o uso frequente dos indicadores, dedos entrelaçados [j], mão erguida na vertical, punhos cerrados.

Vocábulos claros

Não só para eliminar possíveis discordâncias, mas também na convivência diária entre colegas, tem vantagem quem repara na linguagem corporal dos outros e sabe traduzi-la – tanto para criar um convívio construtivo quanto para melhorar as interações profissionais. Os sinais mais elucidativos são:
› Seu interlocutor inclina o corpo para frente. Isso demonstra seu interesse por você ou pelo tema. Curvar a cabeça levemente para adiante reforça ainda mais esse gesto [k, pág. 88].
› Seu interlocutor pressiona as pontas dos dedos umas contra as outras, formando um telhado com as mãos. Isso é autoconfiança pura. Ele conduz a conversa, demonstra conhecimento superior e não se afeta com todo o resto.
› Braços cruzados podem ser apenas uma posição básica confortável, displicente e reflexiva, mas também sinal de desinteresse, defensiva e reserva. Considere também outros sinais e o contexto (pág. 20).
› Lábios apertados expressam discordância. Nesse caso, o tema ou a situação são desagradáveis. Em uma espécie de postura de negação, o interlocutor afirma sem palavras: "Eu já disse tudo. Não vou falar mais nada a respeito".
› Quem reclina o corpo para trás e cruza os braços atrás da cabeça não só se sente desconfortável, como também está perdendo a compostura, sem levar mais nada e ninguém em consideração. Na vida profissional, trata-se de uma postura que pode expressar dominação, menosprezo ou provocação.
› Para conter o nervosismo, a tensão ou a agressividade, o interlocutor procura,

literalmente, liberar a pressão interna. Inflar as narinas [l] e expirar inflando as bochechas são sinais típicos disso.

› Quem toca o rosto, o pescoço ou a nuca com os dedos nos chamados gestos de autoapaziguamento (pág. 35) está preocupado, amedrontado ou tenso.

› Quem passa a mão sobre o pomo de adão, toca a região da garganta ou até segura energicamente o pescoço deseja dominar seu desconforto e insegurança.

› Desconforto emocional, dúvidas em relação à situação e também insegurança são o que expressam algumas pessoas ao segurar a nuca [m].

› Quem finca os braços nos quadris demarca seu território necessário e demonstra superioridade. Se ao fazê-lo os

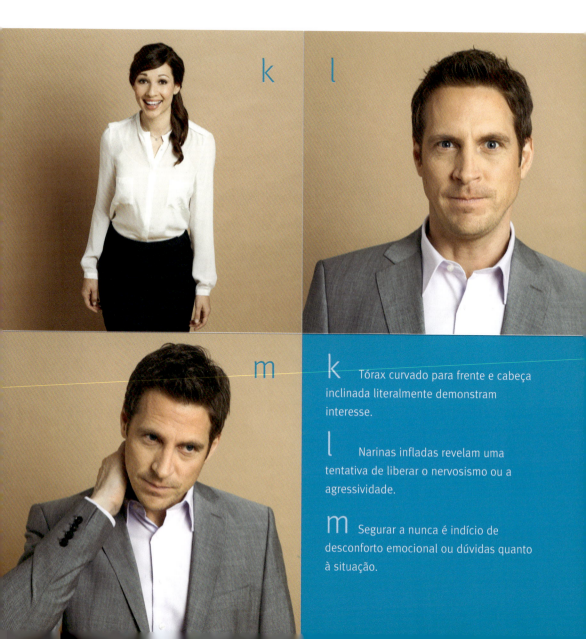

k Tórax curvado para frente e cabeça inclinada literalmente demonstram interesse.

l Narinas infladas revelam uma tentativa de liberar o nervosismo ou a agressividade.

m Segurar a nunca é indício de desconforto emocional ou dúvidas quanto à situação.

polegares ainda apontarem para frente, trata-se de um sinal de ataque [n].

› Quem enfia os polegares nos bolsos da calça com os outros dedos apontando para fora [o] permite reconhecer não só insegurança ou complexo de inferioridade como também um *status* mais baixo em relação aos que o cercam.

› Inclinar-se para frente e apoiar os dedos abertos sobre a mesa [p] é um gesto clássico de soberania e dominação.

› Um sorriso sincero e verdadeiro se reconhece pelos cantos da boca erguidos e pelos olhos que sorriem junto. Se, pelo contrário, a região dos olhos mal se mover, trata-se de um sorriso forçado.

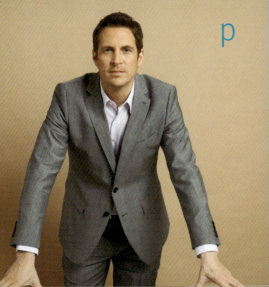

n Mãos nos quadris: superioridade. Com os polegares para frente: desejo de atacar.

o Polegares nos bolsos da calça e dedos para fora: insegurança e *status* mais baixo.

p Gesto claro de dominação: tronco para frente e dedos apoiados sobre a mesa.

Especial: Elevador esclarecedor

Se o escritório ou um departamento da empresa já são um pequeno microcosmo que às vezes revela muitas informações inauditas, encontrar-se com colegas em um espaço ainda menor – como no elevador, por exemplo – também pode ser um tanto elucidativo. O motivo: quando a distância física que podemos tomar das pessoas ao nosso redor é limitada, automaticamente ficamos mais inseguros. A distância natural de segurança não se aplica mais. Por isso, é uma situação em que temos menor controle sobre nossa linguagem corporal e inconscientemente revelamos mais sobre nós. Aproveite então cada viagem de elevador futura para descobrir a que categoria básica os seus colegas de escritório pertencem:

O tecnológico
Durante o trajeto de elevador, esse colega ocupa-se somente com seu telefone celular. Toca vividamente nas teclas ou olha para a tela – muitas vezes apenas para disfarçar, para evitar comunicação direta. Pouco importa que geralmente não haja sinal dentro do elevador. Ele se passa por muito ocupado, deseja inflar sua imagem e sua importância e, sobretudo, que não se dirijam a ele. Esses sinais não verbais revelam o quanto ele realmente se sente desconfortável nessa situação.

O blindado
Quem cruza os braços com firmeza no elevador e recolhe-se em si próprio fecha-se em relação ao ambiente ao redor. Esse firme abraço em si mesmo evidencia que no seu entorno não há espaço para outras pessoas, nem mesmo para um papo amigável entre o quarto andar e o térreo. Trata-se de uma postura de proteção ou de uma expressão de agressividade represada. De uma forma ou de outra: nem tente iniciar uma conversa com essa pessoa. Simplesmente aceite o seu retraimento.

O soldado
Barriga para dentro, peito para fora – eis a regra suprema desse tipo no elevador. Ele se coloca a prumo dentro dele, com as mãos apoiadas com firmeza no corpo e, preferivelmente, as costas apoiadas na parede. Olha em linha reta, e não se permite distrair com as pessoas que embarcam e desembarcam. Ainda assim, registra com precisão tudo ao seu redor. Essa postura corporal revela grande autoconfiança e uma forte necessidade de controle. Se, por um lado, esse tipo não ocupa tanto espaço, ele em geral convence no cotidiano profissional com sua lealdade e disciplina – e bem menos com sua sociabilidade.

O cronômetro
Mãos nos bolsos da calça podem causar uma primeira impressão de displicência. Mas se notar movimentos inquietos com os dedos dentro deles, esse pode ser um sinal de insegurança e estresse. Esse funcionário está literalmente contando os segundos para a porta do elevador se abrir de novo. Às vezes encara o teto ou os próprios sapatos a

viagem inteira. O que pode parecer sossego para quem olha de fora demonstra apenas, na verdade, que nessa situação ninguém sabe o que fazer com o próprio nervosismo.

A vítima
Principalmente as mulheres gostam de apertar livros, pastas ou fichários contra o tórax assim que não se veem mais sozinhas no elevador. É só somar as pernas cruzadas e pronto: eis a postura típica de proteção. O equivalente nos homens é a postura clássica da barreira de pênalti, com as mãos juntas na frente do corpo na altura dos quadris. Com essas posturas, nos rebaixamos levemente à categoria de vítima.

O professor
Um professor distraído é o que parece o colega que se comporta com afobação, articula de forma pouco compreensível ou fala sozinho de maneira confusa. Os demais presentes no elevador ouvem pedaços do que ele ainda tem para fazer, para quem precisa ligar, o que vai fazer à noite e no fim de semana e o que há na sua lista de compras. Esse colega inofensivo desperta simpatia, mas também pode ser cansativo com a sua falta de concentração.

O vice
Este colega demarca o elevador claramente como seu território, posicionando-se no meio ou ainda melhor: bem na frente da porta. Com esse comportamento claro de disputa de terreno, ele mostra que sua vontade é de se proteger de supostos intrusos no "seu" espaço. Evidentemente, ele assume posição de autoridade durante a viagem, com ombros largos e postura bem enraizada. Ele quer ditar as regras e apertar os botões. Na empresa, bem que gostaria de ser o chefe.

O pavão
Um colega apressado que cobre o painel do elevador com o corpo todo e depois passa se espremendo por todos sem dizer nenhuma palavra, mantendo os outros nitidamente à distância com sua linguagem corporal e portando-se como um macho alfa. O peito inflado e a cabeça erguida são marcas típicas. Ele quer mostrar o quanto seu papel é importante, que lhe esperam com urgência e que seu tempo é curto. Um colega de índole vaidosa em potencial, que gosta de fazer cena.

O realizador
O realizador recosta-se na parede do elevador mesmo sem estar cansado ou esgotado. Mais que isso, com essa aparente displicência ele ressalta nitidamente a superioridade de que se presume em relação aos demais. De fato, esse tipo geralmente tem algo a comunicar na empresa. Ele tem consciência de que nada avança sem ele, e observa tranquilamente o comportamento dos outros. Ele tem poder mesmo sem precisar mostrá-lo.

Linguagem corporal masculina e feminina

A pequena e célebre diferença entre homens e mulheres é perceptível em quase tudo – e também na vida profissional. Se a divisão de gêneros há muito já não é mais base para conflitos em diversos âmbitos do cotidiano, a diferenciação entre sexo "forte" e "fraco" ainda pode oferecer algum potencial para problemas no trabalho e na carreira. Afinal, aqui o que conta não são os genes, mas outros fatores. É comum atribuir menos competência às mulheres que a seus colegas homens em posições semelhantes. Muitos as julgam menos capazes de se impor e mais indecisas em decisões – vestígios de um pensar arcaico que persistem obstinadamente. Mas que em parte também se devem a diferenças na linguagem corporal. Explicando de outra forma: tanto homens quanto mulheres transmitem na rotina profissional muitos dos sinais não verbais que são esperados como específicos de cada sexo. Dessa maneira, confirmam inconscientemente a distribuição clássica de papéis. Mas em vez disso, é possível definir o seu próprio papel por meio da linguagem corporal e assim substituir modelos ultrapassados.

Linguagem corporal tipicamente masculina

Os homens se portam, em sentido estrito, de forma mais dominadora e agressiva. Eles fazem pressão e dão mostras frequentes da sua autoconfiança e capacidade de se impor. Para demonstrá-las, tendem a fazer gestos amplos e a ocupar muito espaço. De braços escancarados, sentados com as pernas bem abertas ou espaçosos quando em pé, eles parecem decididos e marcam presença. Os homens tendem a se posicionar frontalmente perante o público e fincar os braços nas laterais do corpo. Ou, de peito erguido e braços cruzados, parecem intimidadores aos olhos dos outros. Não é por acaso que todos esses gestos lembram o cortejo sexual no mundo animal, quando o que importa é demarcar o próprio território.

Com postura ereta, mãos à mostra e aperto de mão firme, os homens desejam se impor e transmitir impressão autoconfiante. Para tal, muitas vezes seguram a mão do cumprimentado prolongadamente e com muita firmeza ou a empurram em determinada direção em uma forma de medir forças. Suas ambições de poder também são sinalizadas pousando a mão no antebraço do outro. Pela mesma razão, os homens violam oportunamente a zona pessoal de distância do interlocutor, apropriando-se de forma bastante evidente de grande parte do espaço. Interagir com o interlocutor com um sorriso mecânico e contato visual reduzido é igualmente um gesto de poder, que transmite o recado: "Vou lhe dar o mínimo de atenção necessária ou só quanto a etiqueta exige".

Mas não são apenas os sinais típicos de macho alfa descritos acima que consistem em vocábulos da linguagem corporal masculina. Gestos de submissão também são empregados, ainda que em frequência bem menor, e são bastante esclarecedores. Por exemplo: postura corporal curvada e pouco contato visual com o interlocutor evidenciam subserviência, abnegação ou insuficiência.

a Mãos nos bolsos da calça são pouco elegantes, principalmente ao cumprimentar.

b De pernas abertas na postura à la Napoleão, a impressão é de arrogância.

c Apoiar uma perna cruzada sobre a outra deixa a panturrilha à mostra, o que não é nada soberano ou elegante.

Dicas de linguagem corporal para homens

As seguintes dicas lhe ajudarão a se sair bem:

› Contato visual contínuo com expressão facial amigável e postura corporal aberta sinaliza desejo de estabelecer contato e de troca comunicativa – seja adepto dele.

› Ao apertar a mão de alguém, evite uma pegada estranguladora, e não a esmague ou aperte-a com impulsividade demais.

› Evite pôr as mãos nos bolsos da calça [a, pág. 93], pois, principalmente ao cumprimentar, isso é tudo menos elegante.

› Mesmo que se sinta o general da empresa: a "postura à la Napoleão" [b, pág. 93] não é exatamente recomendável. Assim você parece principalmente arrogante.

d Com as mãos juntas atrás do corpo, as mulheres sinalizam necessidade de ajuda.

e Desalinhar o quadril para um dos lados é uma postura de proteção que expressa submissão.

› Não mantenha o queixo erguido em excesso.
› Sua postura não deve ser displicente demais. Evite sentar-se caído para frente e com os antebraços sobre as coxas. Mas também não se esparrame na cadeira.
› Não apoie uma perna cruzada sobre o joelho da outra. A panturrilha à mostra não é nada elegante e nem contribui para uma postura soberana [c, pág. 93].

Linguagem corporal tipicamente feminina

Assim como os homens, as mulheres também se comportam com sinais não verbais que, em grande parte, são bastante estereotípicos. No entanto, elas tendem aos gestos de submissão com bem mais frequência. Principalmente em situações de estresse, as mulheres têm propensão a recuar. A linguagem corporal feminina irradia mais conciliação que disposição a enfrentar conflitos. Tanto em pé quanto sentadas, as mulheres gostam de cruzar as pernas. Isso muitas vezes pode se dever à roupa e de fato causa impressão elegante, mas ao mesmo tempo de reserva e necessidade de proteção. Uma espécie de necessidade de ajuda é o que as mulheres também sinalizam inconscientemente ao juntar as mãos atrás do corpo [d], entortar a cabeça ou passar um braço por cima da região do abdome enquanto seguram o outro braço. Pulsos caídos e aperto de mão fraco são interpretados por princípio como um sinal de fraqueza e falta de autoconfiança. Em geral, gestos femininos parecem brandos e irresolutos, também na vida profissional.

O vocabulário típico da linguagem corporal feminina inclui, além disso, o quadril caído para um dos lados [e], a cabeça oblíqua e as mãos ocultas. Todos esses gestos são posturas de proteção, e expressam medo e submissão inconsciente. Quanto maior a insegurança, maior a frequência de gestos de constrangimento (pág. 35), como brincar com o colar, tocar a garganta ou enrolar o cabelo.

A voz e sua cruz

Um problema comum das mulheres, sobretudo na vida profissional, é o emprego da própria voz. As mulheres usam apenas 70% do volume da voz e, por isso, geralmente falam mais baixo e são mais contidas que os homens. A isso se soma o fato de a voz feminina ficar mais aguda quando sua dona está furiosa, irritada ou insegura. Por isso é comum que mulheres que procuram demonstrar capacidade de se impor por meio da voz sejam rotuladas como "histéricas". Esteja atenta para manter um registro vocal mais grave, pois assim lhe atribuirão mais competência. O tom correto você encontra se imaginando sentada diante do seu prato preferido e dizendo prazerosamente: "hummmm". Continue falando exatamente nessa tonalidade. Mesmo que possa lhe parecer grave demais, é com esse tom de voz que você parece soberana.

Dicas de linguagem corporal para mulheres

As seguintes dicas lhe ajudarão a se sair bem:
› Prepare-se mentalmente de antemão para situações ou diálogos difíceis. Repasse a cena mentalmente. Reflita sobre

como poderia dominar as circunstâncias de forma soberana e satisfatória.

› Fale devagar e com clareza. Reserve tempo suficiente para manifestar sua opinião com voz calma e o mais grave possível.

› Ocupe espaço. Durante reuniões, na própria mesa ou perante chefes e colegas, você também pode, quando convier, pavonear-se de vez em quando como um "macho alfa".

› Firme-se no chão quando sentada. Posicione as pernas paralelas entre si em vez de cruzá-las.

› Firme-se no chão quando em pé. Distribua o peso igualmente sobre ambas as pernas.

› Se for interrompida, não deixe que lhe tirem a calma ou do raciocínio. Olhe fixamente para o importunador e continue falando com altivez, pois a vez ainda é sua.

› Demonstre autoconfiança mantendo a cabeça e a coluna eretas. Tenha prumo, no sentido literal da palavra.

› Curve-se levemente para frente quando sentada, para, por um lado, marcar presença, e por outro, mostrar interesse.

› Apoie os braços sobre a mesa, à esquerda e à direita do corpo, demarcando assim seu território.

› Interiorize sua postura autoconfiante. Ela é garantia de uma linguagem corporal convincente.

› Treine não só a voz como também a respiração, com postura ereta e ombros endireitados. E inspire sempre pela região do ventre!

› Sinalize, em toda e qualquer oportunidade, autoconfiança, competência e profissionalismo. Mantenha-se séria quando defender sua posição. Fique ereta e não deixe o quadril cair para um dos lados.

› Você não precisa ser a "queridinha" de todos. Mas tampouco uma megera. Valorize ser respeitada. Respeito lhe renderá mais frutos na vida profissional do que ser vista como simpática.

› Além de desempenho, o que importa é ser notada – e sua linguagem corporal fará isso acontecer!

Em defesa da linguagem corporal feminina

É um círculo vicioso: aos homens são atribuídas características como prazer em tomar decisões, autoridade e força, e às mulheres, gentileza, amabilidade e bondade. Na vida profissional, a mulher que contraria esses estereótipos, mostrando autoridade em vez de gentileza, viola as normas sociais predominantes. Mas se continua restrita aos seus atributos femininos, é vista como menos competente e capaz que seus colegas homens. Os homens empurram, esbarram e cutucam, tocando os outros de forma bem mais visível – o que é interpretado como força e capacidade de se impor. Quando demonstram esse comportamento, as mulheres são rotuladas como brutas, masculinas ou sedentas por poder.

Não é mito algum o fato de as mulheres ainda ocuparem cargos mais baixos e serem menos remuneradas do que seus colegas homens igualmente qualificados. E menos ainda o de serem preteridas aos homens na hora das promoções e de terem de superar dificuldades maiores para a ascensão profissional. Embora realmente tenha havido algumas mudanças em muitas empresas nos últimos tempos, o sexo frágil continua mal pisando na diretoria das organizações. O fato é que, em teoria, as mulheres não ficam nem um pouco atrás dos seus colegas homens no que diz respeito às qualificações, ao desempenho e à habilidade de tomar decisões – mas, ainda assim, continuam nitidamente pouco representadas nos cargos de liderança. E para terem aceitação real, ainda precisam batalhar (às vezes muito duro) nos domínios tradicionalmente masculinos.

Casca dura, coração mole

A solução: examinando as regras masculinas do jogo do *business*, as mulheres podem encontrar seu caminho para o sucesso – aproveitando-se de forma consciente e estratégica dos jogos de poder dentro da empresa com uso direcionado do olhar e do corpo. A principal regra é: uma postura bem-sucedida começa na cabeça, que envia as ordens correspondentes ao resto do corpo.

As situações cotidianas a seguir, totalmente normais, evidenciam muito bem a diferença entre linguagem corporal feminina e masculina no trabalho: um superior do sexo masculino entrega a seu funcionário uma pilha de documentos, dizendo: "Faça isto até amanhã!" A ordem é clara: a tarefa deve ser cumprida o quanto antes. O superior reforça sua instrução não verbalmente, apontando com o indicador para a pilha. A ordem é dada sem sorrir, e linguagem verbal e não verbal são de autoridade.

Nesse mesmo caso, o mais natural para uma mulher seria fazer um pedido: "Você poderia, por favor, fazer isto até amanhã?" As palmas das mãos abertas para cima reforçariam o amigável pedido. Mas qual é a mensagem que a funcionária encarregada provavelmente recebe? Exatamente: a tarefa não é tão urgente, pode esperar.

É por isso que a importância da linguagem corporal no trabalho não deve ser subestimada, principalmente por mulheres. Lado a lado com competência técnica, autoridade e eloquência, o comportamento não verbal também é um dos alicerces para uma carreira profissional de sucesso. Quem emprega o gestual e a expressão facial da forma certa consegue ir mais longe. Mas afirmar-se como mulher e portar-se, assim por dizer, de forma atípica muitas vezes é um problema. Muitas posturas corporais óbvias para os homens (como se posicionar de pernas abertas, fincar as mãos nos quadris) simplesmente não seriam executadas por mulheres. Porém, as mulheres que quiserem crescer no trabalho não podem deixar de trabalhar suas próprias competências comunicativas com prudência e objetividade.

Geneticamente determinado?

A biologia já se encarrega de que a diferença de presença entre homens e mulheres seja nítida: os homens geralmente são maiores e possuem mais massa muscular, têm voz mais alta e demonstram presença mais marcante por natureza. Não surpreende que as mulheres tenham a sensação de mais dificuldade para se impor com sua presença física. A isso se soma o fator da educação na nossa sociedade: as meninas (ainda) são criadas desde cedo para sorrir e concordar amigavelmente – para serem sempre amáveis, simplesmente. Mais tarde, esses reflexos incorporados podem ser muito prejudiciais às mulheres na vida profissional. Assim como os estereótipos de papéis femininos que meninas e jovens aprendem durante seu desenvolvimento: quando se submetem, são elogiadas e recebem reforço por seu comportamento. Quando fazem diferente, são repreendidas.

Essas interações e esses padrões de comportamento não verbal específicos de cada gênero ainda são reforçados pelo fato de atitudes idênticas serem interpretadas de forma diferente de acordo com o sexo.

Presença igual, efeito diferente

Um exemplo: nos homens, uma voz forte geralmente é vista como um ponto positivo; nas mulheres, como negativo. O que é bem visto e aceito é que as mulheres se mostrem modestas e discretas no seu modo de falar. Por isso, o sucesso nos diálogos já é atribuído aos homens antes mesmo de começarem. O *status* subalterno das mulheres é reforçado por essa noção. Mas fazer diferente e assumir comportamento comunicativo tipicamente masculino não garante necessariamente o sucesso.

O fato de mulheres bem-sucedidas muitas vezes parecerem masculinas tem uma razão: estereótipos masculinos são automaticamente projetados nas líderes do sexo feminino. Elas logo são vistas como presunçosas, egoístas e com sede de poder. Para não cair nessa armadilha, é preciso entender com clareza: a grande diferença reside menos na diferença de comportamento que na maneira como homens e mulheres são vistos. Uma acadêmica norte-americana de Psicologia constatou em um estudo que participantes com mesmo histórico e mesma postura foram avaliados de maneira distinta na mesma situação: os homens tenderam a ser vistos mais positivamente, e as mulheres, de forma mais negativa. Às empresárias mulheres de fato se atribuiu a mesma competência e eficiência de seus colegas do sexo masculino. No entanto, também foram vistas como carentes de autenticidade e de modéstia e como

A solução: encontre seu estilo próprio

Então como deve ser a linguagem corporal feminina ideal de sucesso, que transmita simpatia além de competência? Infelizmente não existe uma solução patente. Cada pessoa, seja homem ou mulher, precisa encontrar seu próprio estilo de comunicação não verbal. Na posição de mulher, simplesmente adaptar gestos e padrões de comportamento masculinos no trabalho não leva ao objetivo. Mas examinar o efeito da linguagem corporal masculina certamente sim. A mulher que sabe utilizar tais mecanismos de forma reduzida e autêntica para dar nuanças um pouco mais masculinas à linguagem corporal individual está no bom caminho para demonstrar com mais força e clareza os próprios pontos fortes, mas sem perder as vantagens da presença feminina.

dominadoras, antipáticas, sedentas pelo poder, interesseiras e astutas.

Sucesso não verbal: truques para homens e mulheres

A linguagem corporal não depende apenas do gênero, como também do tipo de cada um. Em situações de competição profissional entre homens e mulheres, o emprego da linguagem e da postura corporal corretas pode trazer vantagens sérias, assim como desvantagens. Homens e mulheres podem aprender com os ditos sinais "típicos" do sexo oposto e usá-los a seu favor.

Como parecer mais forte como mulher

Quanto mais evidentes os estímulos, mais eficazes eles serão:

› Aspirar à harmonia não é sempre desejável na vida profissional. Como se sabe, a competitividade dá vida aos negócios. Sendo assim, não tente acabar com a concorrência – encare o desafio e encontre prazer nele.

› Não se subestime, acredite nas suas capacidades e também saiba externá-las. Sugira aos que a cercam que você é uma mulher de sucesso inata. Demonstre sempre sua capacidade de se impor. Não há razão para modéstia e recato dentro da empresa, principalmente quando desejamos vencer na escalada para o sucesso. Preserve, porém, sempre a sensibilidade e a autenticidade.

› Diferenças de *status* devem inspirar, motivar e servir de estímulo. Nas empresas o importante não é o equilíbrio de papéis. Sustentar um olhar direto e franco mesmo em momentos de silêncio nos transmite forças. Assim você garante para si a atenção do interlocutor.

› Mantenha a cabeça sempre ereta, pois essa é a postura neutra. Inclinar a cabeça de fato sinaliza ao interlocutor que você está ouvindo com concentração e interesse, mas é uma postura que também pode ser entendida como sinal de submissão.

› Cabeça erguida, peito para fora. Sua postura corporal autoconfiante influencia sua forma de pensar e agir. Sua postura deve ser ainda mais soberana em situações das quais preferiria fugir.

› Fale com voz grave, baixando-a no fim da frase. Recoste-se ao falar e não assuma posição estreita demais. Exija espaço suficiente para o seu material de trabalho.

› Evite quaisquer gestos de submissão. Mostre-se mais agressiva nos diálogos, fale mais, imponha os temas relevantes para você. Não inicie suas contribuições com perguntas ou expressões fáticas, e não fale no subjuntivo, como apenas hipóteses. Ao comunicar decisões ou opiniões, mantenha contato visual firme, sem jamais abrir mão da sua autoridade.

› Reduza sua inibição de tocar nas pessoas. O toque é expressão do seu poder e muitas vezes dá ênfase ao que é dito. Pouse a mão no braço ou no ombro do colega [f, pág. 100]. Você ficará surpresa com a mudança que isso provocará no seu interlocutor.

› Ocupe seu espaço com tranquilidade, em vez de se mostrar pequena e estreita. Espalhe seu material de trabalho sem economizar espaço.

› Você não é nenhuma garotinha – então evite gestos como esfregar as mãos, cruzar os braços, massagear a nuca ou brincar com as joias. Assim você manda as mensagens erradas e parece insegura e incompetente.
› Simpatia: sim, mas na medida certa, para não se tornar uma pedra no seu caminho profissional. Sorria, mas em frequência controlada. Principalmente ao tratar de temas sérios, na tomada de decisões ou durante discussões, evite ares de docinho de coco. A expressão facial amigável também deve ser sempre adequada à situação.
› Homens comunicam-se com hierarquia. Eles prestam atenção em quem fala mais, em quem interrompe quem e em quem está atento. Utilize essas situações comunicativas para causar uma boa imagem.

Como demonstrar mais empatia como homem

Muitas vezes é puro descuido. Mas é justamente aí que um empurrãozinho ajuda:
› As mulheres marcam pontos com seu trato respeitoso, têm grande talento para a empatia, reagem com sensibilidade a situações de mudança e não têm dificuldade nenhuma para se adaptar instintivamente, em um piscar de olhos, a um interlocutor. Aprenda com o exemplo delas.
› Qualquer forma de recuo, seja pela postura, pelo gestual ou pela expressão facial, sinaliza uma renúncia voluntária à postura competitiva [g]. Assim você demonstra seu reconhecimento às mulheres. Essa também pode ser uma estratégia conveniente na vida profissional.
› Evite mal-entendidos na comunicação com as mulheres. As colegas se irritarão se você falar com elas de braços cruza-

f Colocando a mão no ombro do colega, as mulheres demonstram autoconfiança.

g Gestos e expressões faciais moderadas representam renúncia à postura competitiva masculina.

dos e rosto virado em outra direção. As mulheres interpretam esses sinais como postura defensiva, mesmo que você esteja ouvindo com atenção e concentração. Sempre demonstre reação à sua interlocutora do sexo feminino, também com sua postura corporal.

› Esforce-se para manter uma expressão facial ativa, retribuindo também um sorriso de vez em quando. E você também pode olhar ao redor sem nenhum problema, em vez de encarar apenas a mesma interlocutora.

Linguagem corporal – expressão da postura interior

Pensamentos, ideias e noções, por mais insignificantes que possam momentaneamente parecer, ganham vida, influenciam o subconsciente e começam a virar realidade. Querendo ou não, é impossível controlar esse automatismo. Em outras palavras: a linguagem corporal é sempre expressão da sua postura interior. É preciso ter isso sempre em mente. No Talmude isso é lindamente descrito da seguinte forma:

Cuidado com seus pensamentos, pois eles se transformam em palavras.

Cuidado com suas palavras, pois elas se transformam em atos.

Cuidado com seus atos, pois eles se transformam em hábitos.

Cuidado com seus hábitos, pois eles moldam seu caráter.

Cuidado com o seu caráter, pois ele determinará seu destino.

Especial: As pessoas são o que vestem

A primeira impressão conta – e a segunda é, no mínimo, igualmente importante! O seu sucesso profissional se define não só pelas habilidades que você realmente possui, mas também por aquelas que os outros atribuem a você. Isso quer dizer: faça *marketing* pessoal de forma ativa e permanente. Você é bom? Então mostre, tanto pela linguagem corporal quanto pela sua imagem exterior. É evidente que as roupas sempre influenciam nosso efeito sobre os outros. Mas na vida profissional, o vestuário tem papel ainda mais importante. Nela as interações interpessoais são bem mais superficiais. Mal há tempo para conhecer a pessoa que há "por trás" de alguém. Então sua presença – e, consequentemente, também a roupa – precisam transmitir à primeira vista o que você deseja parecer. Para ressaltar sua personalidade e individualidade, você precisa se sentir bem naturalmente no que veste. A maior chance de isso acontecer é mantendo-se autêntico. Ao simular a executiva durona ou o valentão arrojado, logo parecemos inverossímeis se somos mais, na verdade, retraídos e introvertidos.

Dresscode profissional para mulheres

A imagem exterior é parte integrante e substancial da linguagem corporal, mesmo que indiretamente. Nas mulheres, joias e maquiagem são formas de expressão tanto quanto as roupas em si. A maquiagem deve ser cuidadosa, discreta, própria para o cotidiano e adequada ao estilo pessoal. As joias podem ser decorativas, mas não extravagantes. Respeite claramente a etiqueta do mundo empresarial. Vista roupas adequadas à sua posição na empresa, dotadas de estilo e que mostrem boa qualidade e

a Tailleur, camisa, sapatos fechados de salto baixo e maquiagem discreta são o traje perfeito para os negócios.

praticidade [a]. Totalmente descartadas estão as minissaias, os decotes profundos, blusas transparentes, de alcinhas ou que ressaltem demais as formas. Para mulheres que querem fazer carreira, a regra é (mesmo com 30°C à sombra): ombros cobertos e meia-calça. Tenha em mente: você não quer ser vista na empresa como um manequim ambulante, sem potencial para ser competente. Reflita sobre os sinais que suas roupas e sua presença enviam, sobre as mensagens que você deseja transmitir e se elas podem ser compreendidas corretamente a qualquer hora. Adeque o vestuário a cada situação, mostrando que você tem consciência da importância da ocasião. Assim você demonstra respeito em relação aos interlocutores.

Dresscode profissional para homens

A escolha das roupas também influencia a linguagem corporal dos homens, mesmo que mais sutilmente. Com trajes de negócios – de terno, camisa, gravata e sapatos elegantes [b], os homens agem automaticamente de forma mais séria e prestam mais atenção no seu comportamento. Justamente nos níveis mais altos de liderança, a harmonia entre imagem, enunciados, vestuário e linguagem corporal é mais valorizada. Quando um desses elementos não combina, isso é percebido negativamente pelos que estão ao redor. É inegável que vestir camisa havaiana, calça esportiva e boné de beisebol evoca outro comportamento. Só muito raramente eles podem fazer parte do cotidiano profissional. Relógios caros e abotoaduras chamativas são símbolos de *status*, do pensamento de marca, mas também transmítem impressão de poder e competência.

b   Terno, camisa e gravata de cores combinando transmítem seriedade e são o traje de negócios certo para todas as horas.

Linguagem corporal no *networking*

O *networking*, atualmente uma palavra muito familiar em todas as esferas do cotidiano, tem importância cada vez maior na vida profissional. Hoje tem vantagem clara quem trava e cultiva contatos, mantém uma rede dentro do próprio ramo e também além dele, tem acesso direto a contatos e consegue se comunicar pelo caminho mais curto. Isso há tempos já é parte indispensável do programa de conferências e congressos: a chamada "integração" regada a vinho e canapés. Esse princípio não segue nada do lema "primeiro o trabalho, depois o lazer". E engana-se quem pensa que o *networking* é a parte mais fácil. Conversa casual e afins também exigem maestria, e são no mínimo tão decisivos para o sucesso profissional quanto as reuniões técnicas – se não forem até mais. Mas o que é exatamente *networking*?

De maneira geral, entendemos como construção e manutenção de contatos pessoais e profissionais. Isso inclui tanto contatos cotidianos – como com colegas – quanto conexões especiais com pessoas de mesmos interesses ou do círculo profissional mais próximo ou mais afastado. Redes de contatos profissionais são chamadas de *networking* direcionado. Afinal, trata-se de lucrar mutuamente com o ato de conhecer pessoas e cultivar relacionamentos comerciais. Mas, em primeiro lugar, contatos particulares também podem se mostrar úteis em algum momento da vida profissional, e por isso devem ser continuamente cultivados.

Como construir sua rede de contatos

A linguagem corporal individual é um fator de sucesso essencial no *networking*. Pois justamente nos relacionamentos mais superficiais, que, via de regra, compõem a maior parte da rede de cada um, é importante a interação entre o que é dito e a linguagem corporal. Dominando a arte de empregar objetivamente a própria linguagem corporal e de interpretar de forma correta a linguagem corporal dos parceiros, você poderá cultivar seus contatos conforme o seu desejo, já que será capaz de agir e reagir perseguindo metas claras. Por outro lado, mesmo oradores excepcionais podem pôr a perder uma conversa e, consequentemente, um contato produtivo e duradouro em decorrência de uma linguagem corporal desastrada. Afinal, a coerência é decisiva para uma boa impressão – ou seja, a concordância entre comunicação verbal e não verbal. Para o *networking*, você depende de causar uma impressão ideal, já que nem todos os contatos têm tempo e oportunidade de conhecê-lo a fundo mais demoradamente. Sendo assim, toda e qualquer chance de ampliar sua rede de contatos deve ser aproveitada com eficiência, de forma a convencer diretamente [a]. Idealmente, desde o primeiro instante.

O primeiro passo é o mais difícil

Toda rede de contatos começa pequena – com uma pessoa ou empresa. A partir daí, os contatos aumentam no efeito bola de neve: cada pessoa nova na rede traz, da sua parte, contatos próprios (família, amigos, colegas) e círculos (instituições, empresas), unindo a rede dela à sua. A vantagem disso: você adquire não só um contato direto, como também contatos de segundo ou de terceiro grau. Por isso

a Uma conversa estimulante é o primeiro passo para um novo contato na sua rede.

se recomenda estar atento às chamadas figuras-chave para o *networking* – pessoas que acumulam muitos contatos ao seu redor e trabalham com afinco na própria rede. Através de tais figuras-chave, você também ganha uma porção de outros contatos – e em um prazo relativamente curto.

Tecer com êxito a sua rede social pessoal é realmente o primeiro passo, mas nem de longe basta para um *networking* de sucesso. *Networkers* experientes sabem: estabelecer, possuir e ampliar contatos não serve de nada se não cuidarmos deles constantemente. Resumindo: o *networking* só vale a pena se todos os participantes se mantiverem ativos.

Qualidade em vez de quantidade

As melhores redes de contatos funcionam com quantidade relativamente limitada de participantes. Por isso, sua principal meta deve ser construir uma rede de contatos pequena, porém densa. Pois no fim das contas, o seu sucesso no *networking* não depende de quantos contatos você tem, mas de como eles são bons e do quanto você tira proveito deles.

Basta imaginar a sua rede de contatos como um jardim: precisa de atenção e cuidados regulares, e não se pode perder nenhum canto de vista. Assim você controla o crescimento e a colheita. Também nas suas atividades de *networking* você deve se fiar em um sistema e na manutenção sustentável se quiser usá-lo para sua profissão e sua carreira. Para descobrir quem combina com a sua rede de contatos de negócios, busque interfaces com interesses ou características comuns. Contatos com potenciais parceiros que atuam muito claramente na mesma esfera que você devem ser intensificados. Comece com os que são próximos. Pense em quais pessoas e círculos você já conhece e onde também já é conhecido. Podem ser, por exemplo, ex-colegas de escola ou do trabalho, mas também clientes, parceiros comerciais ou membros de associações. Talvez haja entre eles contatos muito interessantes que só seria necessário restabelecer.

Para o começo dar certo

Todo início é difícil. Por isso, avance passo a passo na construção da sua rede de contatos.

› Comece com uma lista de desejos: o que você espera da sua rede, e quem você gostaria que participasse dela?

› Suas escolhas são decisivas. Com quem você deseja ser colocado em contato? Tenha em mente que cada contato pode influenciar sua imagem. Assim, escolha cuidadosamente quais círculos de pessoas lhe parecem importantes e a quais contatos você aspira.

› E mais uma vez: pense em qualidade em vez de quantidade. Vale a pena.

› Por ora, redes menos conhecidas podem ser mais enriquecedoras para você, já que possivelmente atendem o seu ramo, mercado ou nicho profissional. Prefira encontrar uma posição importante nela a passar desapercebido em uma rede proeminente, como um completo anônimo entre tantas pessoas.

› Todos sabemos que a propaganda é a alma do negócio – sobretudo no *networking*. Assuma tarefas e posições para ganhar visibilidade e se tornar conhecido. A rede existe para se mostrar e para atuar dentro dela, não apenas para ser "maria vai com as outras".

› O que você quer comunicar? Renuncie a mensagens que não dizem nada e comunique informações que também possam ser úteis para outros na rede.

› Seja curioso e mantenha-se assim. Em redes de contatos encontramos muitas pessoas e ideias criativas. Use-as para a sua própria motivação. Faça *networking* de olhos e ouvidos bem abertos, e tire proveito dos múltiplos estímulos de diferentes personalidades. Não é raro haver potenciais parceiros de negócios por trás delas.

› A vida é um grande jogo. No *networking* é preciso conhecer exatamente suas regras. Esteja atento aos momentos em que é possível fazer trocas e àqueles em que é melhor se manter reservado. Certos terrenos podem rapidamente revelar armadilhas.

Carreira graças aos contatos

A história das redes de contatos é bem mais longa do que podemos imaginar: o que conhecemos na era da internet como *networking* social já tinha grande importância há centenas de anos. Já naquela época os profissionais construíam e ampliavam redes de contatos para obter vantagens profissionais ou econômicas dessas conexões. A grande diferença em relação a hoje: nesse meio tempo, as oportunidades de ampliação das redes de contatos passaram a ser inúmeras. De feiras de empregos e carreira para formandos, encontros de ex-alunos com antigos colegas a seminários de aperfeiçoamento e congressos especializados com companheiros de setor.

"Negócios não são nada mais que um emaranhado de relacionamentos humanos", disse um gerente automobilístico norte-americano, que tem total razão nessa simples descrição. Ele ainda poderia ter completado que, idealmente, esse emaranhado deve se converter em uma rede. Os contatos certos no momento certo trazem vantagens decisivas para a carreira. Trata-se de um princípio conhecido na Alemanha como "Vitamina B", de *Beziehung* (relacionamento), que, aliás, preenche cerca de 40% das vagas de emprego, como inúmeros estudos comprovam.

Plataformas para novos contatos

Contatos interessantes para ajudá-lo no sucesso profissional podem ser feitos em grande escala nos chamados clubes de serviço, como Lions, Rotary ou Round Table. Como os membros dos clubes são de diferentes ramos, um intercâmbio animado está garantido. Além de temas da atualidade e eventos coletivos, o programa também inclui opções de aperfeiçoamento e viagens de estudos, das quais é possível tirar o dobro de proveito. Ainda existem outras opções: eventos para clientes de bancos e membros de associações profissionais, inaugurações de empresas, eventos empresariais, congressos e feiras, clubes de gestores, associações e uniões e muitos outros. Não hesite em participar. Nos Estados Unidos, por exemplo, já é natural usar essas plataformas para fins profissionais.

Para se tornar um expert

Para aproveitar uma rede de contatos com eficiência, devem ser cumpridas algumas condições:

› Fazer *networking* também inclui aproximar entre si o máximo possível dos seus contatos. Enxergue-se no papel de intermediador e torne-se o centro da sua rede, onde as conexões se encontram.

› É imprescindível demonstrar abertura e objetividade. Pergunte sem papas na língua aos seus contatos sobre possíveis conhecidos e pessoas interessantes.

› Mostre-se ativo você também na intermediação de novos contatos. Pense sobre quem deveria se conhecer e quais membros da rede combinariam um com o outro.

› Não aja motivado principalmente por suas intenções comerciais. É óbvio que você pretende lucrar comercializando mercadorias ou serviços. Mas se as suas redes de contatos forem boas, suas propostas logo se venderão sozinhas.

› Redes de contatos se assemelham ao agronegócio: exigem dedicação o ano todo e têm seu próprio tempo para dar frutos que você possa colher – na melhor das hipóteses, até várias vezes.

› O *networking* não é uma caçada. Não fique no encalço de contatos para conseguir o máximo de presas em menos tempo.

› Não deixe seus contatos em suspenso ou à espera. Se prometeu pesquisar, enviar ou mandar algo por e-mail, faça-o, e rápido. Quando receber perguntas, responda-as depressa. Tente aproveitar toda e qualquer oportunidade para estabelecer contato com os participantes da sua rede. O pretexto podem ser acontecimentos atuais ou específicos da sua empresa, como um aniversário corporativo.

› Recorra a ferramentas informáticas profissionais de gerenciamento de contatos. Assim é possível administrá-los com clareza e aproveitá-los ao máximo.

› A cordialidade vem em primeiro lugar no *networking*. Sempre se dirija a todos os seus contatos com postura amigável e aberta. Principalmente na comunicação cara a cara, o interlocutor percebe de imediato se o *networking* é um prazer ou uma obrigação para você. E sua intenção é cativá-lo.

A etiqueta do networking

Todos os dias, inúmeras pessoas encontram-se pela primeira vez tanto no âmbito pessoal quanto no profissional – todas elas potenciais novos parceiros de *networking*. Nesse contexto têm grande

Rede de contatos – simultaneamente pessoal e profissional

É muito comum perguntarem se os contatos pessoais também podem ser usados para fins profissionais. A resposta é: imprescindivelmente! Pois as redes vivem justamente de transformar relações pessoais em relacionamentos profissionais bem-sucedidos, e também do contrário: desenvolver amizades verdadeiras a partir de contatos profissionais. Quem é simpático e próximo no âmbito pessoal visivelmente desenvolve projetos profissionais com menos dificuldades.

importância a impressão que causamos no primeiro contato e a imagem que deixamos nos outros. Um primeiro contato satisfatório não depende apenas de talentos retóricos, mas também de tato, classe e modos – tanto faz o ambiente cultural de origem. Por isso, há certas regras do jogo do *networking* que devem ser respeitadas:

› Ser atencioso é imprescindível para o *networking*. Olhar para outra direção enquanto alguém fala com você demonstra péssimos modos. Sempre mostre interesse no interlocutor. A atenção é o maior elogio que podemos fazer.

› Um aperto de mão frouxo é um péssimo cartão de visitas. Ele o faz parecer inseguro e desinteressado. Esteja convencido de si próprio e demonstre-o com um aperto de mão firme, que expresse autoconfiança, cordialidade, abertura e franqueza. Evite, porém, um aperto de mão firme demais, para não parecer dominador e insensível.

› Nos últimos anos, fumar passou a ser proibido na maioria dos edifícios públicos. Contenha-se mesmo que consintam por educação que você fume, pois a fumaça azul é um grande incômodo durante as conversas. E se tiver que fumar, recolha-se para áreas de fumantes apropriadas. Nelas, atente para um comportamento educado, não deixando as cinzas caírem no chão, por exemplo. Óbvio, não é?!

› Uma tacinha não faz mal a ninguém. E nessa situação, a postura também é o mais importante. Segurar taças de vinho, espumante ou coquetel pelo bojo é deselegante. Quando um copo tiver haste, segure-o sempre por ela. Copos sem haste devem ser mantidos na mão esquerda, para não estender uma mão viscosa ou gelada na hora de cumprimentar.

› Está usando paletó? Devemos mantê-lo sempre fechado quando enquanto de pé, tirando-o apenas quando o anfitrião já tiver dado o exemplo.

› Um pouco de diversão é obrigatório, mas esteja atento quanto à quantidade de álcool. Alguns copos a mais e a inibição vai por água abaixo. Mais tarde você pode se arrepender do que foi dito e feito, o que poderia prejudicar suas ambições de *networking*. Não arruíne sua reputação: mantenha o consumo de álcool sob controle e divirta-se assim mesmo, mas sem perder a cabeça e a compostura.

› A distância conta. Ao conversar, o sumo mandamento é respeitar a zona de distância em relação ao interlocutor (cerca de 50 centímetros ou o comprimento de um braço). Quando a desrespeitamos, somos vistos como ameaçadores e insensíveis.

› Onde colocar as mãos? Se os homens tendem a metê-las nos bolsos da calça, as mulheres costumam segurar firme a bolsa [b, pág. 110], às vezes até demais. Nenhum dos dois dá a impressão de tranquilidade – apenas de insegurança e pouco profissionalismo. Não limite a sua liberdade de movimento: as mãos são imensamente importantes para a impressão que você causa. Quando não tiver intenção imediata de usá-las (sempre com as palmas para cima!), deixe-as penderem ao longo do corpo [c, pág. 110]. Isso funciona em toda e qualquer situação.

› Seja cuidadoso ao tocar. Estender a mão na chegada e na despedida deve ser o único contato corporal direto. Durante o *networking*, qualquer tipo de toque é inoportuno, seja no ombro, no braço ou até nos quadris. Mesmo com intenção amigável, gestos como esses logo são vistos como atrevidos.

› Braços cruzados na frente do corpo formam uma barreira mental. A impressão seria soberana ou de frieza? Ambas são possíveis, mas em um diálogo ativo recomenda-se não assumir essa posição, por mais confortável que seja.

› Todos notaram que você chegou? O volume alto e o tom inoportuno da sua voz podem até atrair todos os olhares, mas essas reações não são positivas. Com isso você tende a ser classificado como petulante e presunçoso. Escolha o tom e o volume de voz adequados a cada situação. Mostre-se calmo e sereno, também na voz.

› Tem muito a dizer? Quer responder rápido? Mesmo assim, deixe o interlocutor concluir calmamente a fala e jamais interrompa. Saber ouvir é a chave para uma comunicação bem-sucedida. Em retribuição ao seu comportamento educado, as pessoas também não interromperão e lhe dedicarão a atenção desejada.

b   Agarrar-se à bolsa não causa impressão tranquila e tampouco profissional.

c   Braços relaxados ao longo do corpo podem entrar em ação rapidamente para fazer gestos.

Autoconfiante em terreno desconhecido

Um sorriso franco e gestos cativantes – não é preciso muito mais que isso da sua linguagem corporal para ganhar alguém em uma conversa casual. Ou, em outras palavras: quanto mais relaxada for sua articulação não verbal, mais descontraída também será a conversa – para ambos os lados. Se você está interessado em um contato e deseja aproveitar a típica situação de *smalltalk* (conversa casual), sua linguagem corporal também deverá sinalizá-lo. Empregue-a para acumular pontos de simpatia no curto tempo disponível e para convencer o interlocutor de que o aprofundamento do contato vale a pena também para ampliar a rede dele.

Mostre talento no *smalltalk*

"As pessoas falam muito sobre seu corpo, mas o corpo fala ainda mais sobre elas." Foi o que descreveu certa vez um escritor, com toda a razão. Mas a arte de se comunicar precisa ser aprendida – tanto verbal quanto não verbalmente. Para fazer os contatos certos no mundo dos negócios, é necessária uma forma de comunicação em especial: o *smalltalk* perfeito. Dominando-o e mostrando o seu melhor lado, você marcará pontos de simpatia desde o primeiro instante. Ele dará provas das suas boas maneiras, sinalizará interesse nítido no interlocutor e será uma amostra do seu conhecimento. Todas essas são ótimas formas de abrir portas para um novo contato, com grandes chances de se desenvolver para um relacionamento comercial proveitoso.

Pode soar maravilhoso, mas infelizmente não é da natureza de todos se aproximar de desconhecidos e começar uma conversa. Afinal, do que devemos falar quando não nos conhecemos e a situação não oferece nenhum assunto concreto para o diálogo? Pensar muito sobre como começar a conversa com confiança e estilo também não ajuda, pois quem pensa demais sobre "o que" acaba errando no "como". Em conversas curtas como essas, a maneira como nos comportamos e abordamos o interlocutor é bem mais importante que o conteúdo em si. Ao fim e ao cabo, os assuntos são secundários, e por isso não é problema nenhum serem banais. Mas antes de tudo: de forma geral, também se aplica ao *smalltalk* tudo que você já leu na seção "A etiqueta do networking" (pág. 108).

Começando sem dificuldades

Segundo o *Dicionário Oxford*, o *smalltalk* consiste em uma conversação social descompromissada. De acordo com especialistas em psicologia da linguagem, esse "bate-papo" tem duas funções: por um lado, estabelece uma conexão social entre os participantes; por outro, evita um silêncio que seria constrangedor. Para marcar pontos em situações relevantes para a carreira sem ter prática, você não precisa ser um orador brilhante ou matricular-se imediatamente em um curso de retórica. O melhor é seguir as duas regras básicas do *smalltalk*, que são simples, porém eficazes: supere seu emudecimento inicial e tente criar simpatia no seu interlocutor. Se conseguir fazer os dois, já estará perto do sucesso. Além disso, as dicas a seguir também são úteis:

› O mais importante: seja sempre natural. Não faça acrobacias constantes com termos técnicos para impressionar o interlocutor. Mas também não esconda o seu ouro usando de modéstia demais.

› Puxe conversa com temas inofensivos – pode ser até sobre o clima. No entanto, conversas sobre viagens, eventos culturais ou acontecimentos atuais impressionam mais.

› Mantenha a leveza tanto na escolha dos temas quanto na própria presença. Não traga à tona nenhum tema que lhe exija tomar uma posição clara demais.

› Faça perguntas sobre o seu interlocutor. Essa é, por princípio, a forma mais rápida de quebrar o gelo. Um elogio disfarçado de pergunta objetiva também serve: "Onde você encontrou esse seu casaco tão elegante?"

› Esteja atento à escolha das palavras. Você tem apenas um tempo muito curto para deixar uma boa imagem de si. Isso também inclui uma fala eloquente.

› Use pequenos artifícios para ajudá-lo a manter a distância adequada – como uma mesa alta, por exemplo. Eles servem de barreira natural em relação ao interlocutor e são ideais para o início de uma conversa casual. Não se agarre, porém, à borda da mesa.

› Todos os participantes sabem: em eventos de *networking* profissional, o foco é nas motivações profissionais. Ainda assim, não vá direto ao ponto de supetão. No *smalltalk*, deixe perguntas profissionais e comentários sobre a empresa para o fim da lista, e tente primeiro estabelecer uma conexão um pouco mais pessoal com o interlocutor.

› Como as conversas casuais clássicas geralmente não são diálogos profundos e filosóficos nem discussões demoradas, os parâmetros não devem ser ambiciosos demais. Simplesmente confie no poder de um entretenimento leve. E não se coloque sob pressão.

Smalltalk sem palavras

Você não necessariamente tem problemas para envolver outras pessoas em um diálogo descontraído e não tem tantas preocupações desnecessárias a respeito? Então você já tem o ponto de partida ideal para se concentrar totalmente nas suas qualidades não verbais nas conversas casuais. Você só terá a ganhar concentrando-se adicionalmente na etiqueta do *networking* (pág. 108) e também atentando para os pontos a seguir:

› Demonstre interesse no outro não só com suas perguntas, mas também pela postura, pelos gestos e pela expressão facial que as acompanham. Um contato visual ativo é a alma do negócio.

› Respeite sempre a zona pessoal de distância.

› O *smalltalk* não é ocasião para toques – assim como no *networking* como um todo (pág. 109). Afinal, em situações como essas geralmente lidamos com pessoas ainda desconhecidas. Mesmo pequenos toques, como no braço ou no ombro, costumam ser mais inoportunos que simpáticos. A esse respeito, os homens devem ser muito cautelosos em relação às mulheres.

› Mesmo sem estar nervoso, determinados sinais não verbais podem provocar essa impressão: gestos como enrolar o cabelo, brincar com as joias ou com as mãos e ajeitar a roupa devem ser evitados por essa razão, assim como "malabarismos" com o copo ou a caneta. Inquietação e nervosismo transmitem impressão imediata de pouco profissionalismo.

› O que pode ter efeito positivo durante apresentações para o público não tem lugar no *smalltalk*: movimentos generosos, salientes e espaçosos com as mãos, assim como gestos impulsivos, são irritantes e mais intimidam os interlocutores que qualquer outra coisa.

› O poder do sorriso! Quer saber o segredo de uma presença simpática? Muito simples: sorria! Estudos demonstraram que pessoas sorridentes parecem mais inteligentes. Mas sorria de verdade e por necessidade sincera. O seu rosto inteiro deve rir. Bochechas levantadas, ruguinhas em torno dos olhos e sobrancelhas caídas: é por aí que se reconhece um sorriso sincero, que automaticamente gera um olhar amigável e aberto, com o qual sinalizamos interesse no interlocutor e causamos impressão de confiança – e autoconfiança. Contudo, quando não estiver com vontade de sorrir, deixe para lá. Isso é ser autêntico.

› Procure manter-se em pé o mais ereto possível, mas ainda relaxado – não como um general prussiano na postura militar do "barriga pra dentro, peito pra fora". Porém, tampouco com o corpo mole feito pudim. Mostre-se relaxado, mas sem perder o encaixe corporal. O mesmo vale para conversas casuais sentadas. Não cole as costas no encosto da cadeira, mas também não se esparrame entre os apoios para os braços.

› Na postura ideal, você aparenta boa aderência ao chão e ao mesmo tempo sinaliza prontidão para se aproximar dos outros. Ou seja: a mistura perfeita de relaxamento e encaixe do corpo [a, pág. 114]. Pessoas duras como uma tábua [b, pág. 114] ou de postura caída [c, pág. 114] parecem tão pouco soberanas, concentradas e decididas quanto aquelas que nunca conseguem parar quietas.

› A força está na calma. Recomenda-se também encontrar um bom meio-termo no gestual, que deve reforçar suas palavras com adequação e lógica.

› Como mais importantes ferramentas da linguagem corporal, as mãos jamais devem ficar escondidas nos bolsos da calça ou do casaco. Braços cruzados também não transmitem uma boa imagem. Afinal, você se encontra em uma situação ativa de diálogo, na qual precisa das mãos. Quando estiver inseguro sem saber onde colocá-las: pegue um copo ou algum panfleto. Mas mantenha-se soberano e não brinque com os objetos de auxílio.

› Faça apenas gestos positivos executados de baixo para cima. Outros movimentos de mãos logo parecem de recusa, ou seja, negativos. Mostrar as palmas das mãos, por sua vez, causa impressão simpática, já que é um gesto de doação.

a   Sua prontidão a ir de encontro a alguém é sinalizada com o encaixe corporal correto.

b   Postura dura como uma tábua nos faz parecer compulsivos, inibidos e irresolutos, além de inseguros e pouco competentes.

c   Postura frouxa sugere falta de concentração e pouco interesse.

Uma segunda chance para a primeira impressão?

Você consegue imaginar quanto tempo são 150 milissegundos? Provavelmente não. E possivelmente menos ainda que esse instante mínimo já basta para criar uma primeira impressão sobre um desconhecido. E não é só isso! Após esses 150 milissegundos, o polegar imaginário do nosso subconsciente já aponta para cima ou para baixo – imediatamente já temos uma tendência clara a ver alguém como simpático ou não. Isso não quer dizer, no entanto, que nosso juízo já esteja totalmente formado – mas os prognósticos já são dados de forma definitiva, e influenciam o desenvolvimento restante do contato. No que se baseia esse julgamento relâmpago? Uma certeza é que, à primeira vista, não classificamos conscientemente o novo conhecido no nosso *ranking* pessoal de simpatia. Por outro lado, ninguém é capaz de controlar sua linguagem corporal conscientemente por frações de segundos. Mas esse primeiro julgamento realmente influencia a evolução seguinte da aproximação. O que acontece exatamente nesses milissegundos é uma espécie de "varredura" do seu iminente interlocutor. Nós registramos como ele anda, senta e fica em pé, onde coloca os braços e a posição das pernas e da cabeça. E, é claro, registramos a expressão facial e as roupas. Uma multiplicidade de pequenas impressões que logo formam uma imagem geral antes que qualquer palavra seja dita. Ao nos encontrarmos com uma pessoa até então desconhecida, temos certa

> ### Jamais calado!
> Nunca fique em silêncio absoluto quando encontrar de surpresa um superior, colega ou parceiro de negócios. "Conversas mudas" sempre nos fazem parecer inseguros. Algumas palavras já bastam para demonstrar sua disposição a conversar e manter contato e lhe agregar valor no quesito da simpatia. É possível, por exemplo, expressar com charme a sua surpresa sincera com o encontro inesperado. Quanto melhor você se sair no tema do *smalltalk* de negócios, melhor será a sua base para uma rede de contatos bem-sucedida.

intuição imediata. E, por outro lado, também sentimos imediatamente se ela nos achou ou não simpáticos. Assim como pouco podemos controlar um sentimento como esse, também não é possível influenciar a primeiríssima impressão que os outros têm de nós. Mas não ficamos só na famosa primeira impressão. E você pode fazer sim algo decisivo: manter-se natural e autêntico. Não tente representar. Dessa maneira você terá chances máximas de parecer simpático nos primeiros 150 milissegundos. A seguir tudo fica um pouco mais complexo, já que a margem de manobra se amplia. Porém, quanto mais pontos você conseguir marcar desde o início, mais fácil será estabelecer contato e firmar um relacionamento mais intensivo. Se não der certo, vale a pena tentar usar a segunda ou até a terceira impressão.

Minutos importantes

Depois de alguns minutos, já está definido com bastante certeza para ambos se a sintonia com um novo conhecido bate e se ele tem potencial para ser um novo parceiro de *networking*. Uma decisão que ocorre em vários passos: primeiro é feita a classificação em critérios como homem ou mulher, conhecido ou desconhecido, velho ou jovem e assim por diante. Depois de cerca de meio minuto concluímos a primeira avaliação preliminar. Para tal, são decisivas principalmente a imagem exterior, a linguagem corporal e também a voz. A essa altura geralmente já sabemos com relativa precisão – mesmo que inconscientemente – se temos interesse em conhecer melhor o outro. Via de regra, depois de quatro a cinco minutos a nossa decisão definitiva está tomada. E tanto faz se já conversamos casualmente nesse período ou se apenas observamos alguém de longe – são sempre os mesmos fatores os responsáveis pela avaliação: se o indivíduo se comporta e parece autêntico ou artificial, relaxado ou tenso, extrovertido ou tímido, nervoso e inseguro ou autoconfiante.

A prática faz o mestre em *smalltalk*

Mesmo dominando todas as sugestões, é absolutamente normal um *smalltalk* não dar certo logo de cara. Mas quanto mais você treinar, melhor funcionará. E há inúmeras oportunidades para praticar. Aproveite situações cotidianas para bater papo, nas quais nada esteja em jogo profissionalmente: no ponto de ônibus, na fila do caixa no supermercado ou no elevador. Aborde temas sobre os quais tenha algo a dizer: esporte, um novo filme, um acontecimento recente de interesse geral. Temas como sexo, política e histórias de hospital devem ser tabu.

Você pode ser até um dos poucos sortudos com carisma inato (cf. capítulo *A linguagem corporal dos líderes*, pág. 166), que o torna irresistível de qualquer maneira. Mas caso não seja, aprenda a empregar sua linguagem corporal pessoal de modo ideal para deixar a melhor impressão como possível parceiro de rede de contatos.

A etiqueta do *smalltalk*

Mais recentemente, o talento para conversas desinibidas passou a ser uma das mais importantes competências comportamentais (*soft skills*) na vida profissional. Quem o emprega do jeito certo conta com uma série de vantagens na construção da rede de contatos na carreira – contanto que saiba escolher o tema certo na ocasião correta. Um aniversário corporativo propicia campos temáticos diversos dos de um congresso especializado. Em uma festa de aniversário pessoal, as conversas casuais evoluem de maneira distinta de uma confraternização da empresa. Contudo, sempre vale a regra:

› Escolha o tema mais geral possível.
› Não exija conhecimentos técnicos para que os outros possam participar da conversa.
› Também deixe de fora notícias negativas ou alarmantes.
› Não exclua ninguém e não discrimine pessoas ou grupos.
› Escolha temas que suscitem menos opiniões e mais observações simples sobre os fatos.

Especial: Mídias sociais e linguagem corporal

No mundo *online*, vale a máxima: a internet nunca esquece. Então é ainda mais importante estar bem atento à forma como você se apresenta visualmente na World Wide Web e a quais rastros de imagem você anda deixando. Principalmente no contexto das mídias sociais, é imprescindível se perguntar quantas e quais informações você deseja e deve revelar.

O poder das fotos

Uma imagem diz mais que mil palavras – e principalmente nas redes sociais, agora comunicamos muito por meio de imagens estáticas e dinâmicas. Você já se perguntou alguma vez qual é a impressão que você causa nas suas fotos e vídeos? Já experimentou prestar atenção conscientemente na linguagem do seu corpo? Você demonstra nas fotos que publica voluntariamente uma imagem autêntica da sua personalidade? Você se apresenta realmente da maneira que gostaria? Tem certeza que não está transmitindo sinais negativos? Como as plataformas de mídias sociais são cada vez mais utilizadas, não só na esfera privada como também na profissional, uma apresentação bem refletida no mundo virtual é absolutamente indispensável.

Na rede pelo trabalho

Para a própria carreira e a rede de contatos de negócios, agora também é preciso se apresentar *online* – e com seriedade, competência e credibilidade. Afinal, os seus contatos profissionais precisam ter uma imagem positiva de você ao encontrá-lo *online*. Sendo assim, tenha parcimônia com fotos íntimas ou pessoais demais, como um álbum de fotos virtual das suas últimas férias na praia, por exemplo. Se ainda quiser dividir suas fotos pessoais com os amigos mais próximos, é recomendável disponibilizá-las somente para esse círculo por meio dos recursos técnicos que a maioria dos portais oferecem. Então preste bastante atenção nas suas fotos e vídeos para se apresentar de forma positiva e atraente, não só como pessoa, mas também representando a sua empresa. Não forneça informações internas da companhia, pois como se sabe, as plataformas públicas também são visíveis para os concorrentes diretos.

O salto para o novo emprego

Aliás: recomenda-se cuidado especial se estiver participando de um processo seletivo. Pergunte a si próprio: Que impressão transmitem as fotos e os vídeos de mim que podem ser encontrados na internet? Com minha postura corporal, expressão facial e gestual, transmito uma autoconfiança saudável ou pareço narcisista – ou até arrogante, inseguro ou pouco soberano? Estou sempre em primeiro plano em fotos em grupo, encobrindo os outros? Pareço amigável ou mal-humorado? Aliás: é possível trocar fotos com outras pessoas! E o direito sobre as próprias fotos é um bem precioso!

Linguagem corporal internacional

Para viajantes, a terra do sol nascente às vezes parece literalmente um mundo de ponta-cabeça: os japoneses escrevem na vertical e da direita para a esquerda, vestem branco em funerais, reconhecem desonras rindo e sorriem ante a morte dos outros. Para eles, um beijo inofensivo em público quase beira a pornografia, mas expor o seio nu ao amamentar um lactente é absolutamente normal. E como não é bom dizer não, os japoneses dizem "sim" para muitas coisas mesmo que na verdade queiram negar. Esses são apenas alguns exemplos de singularidades nacionais que desconcertam os estrangeiros. Para não falar nas reações locais que são certas e típicas em nível não verbal. É claro que conhecer as particularidades e diferenças verbais e não verbais de todos os países e culturas é impossível, e provavelmente exigiria uma vida inteira de estudos. Mas então o que fazer para atuar com segurança no ambiente internacional de negócios no que se refere à comunicação e à linguagem corporal? Muito simples: torne-se um especialista conforme a necessidade. Informe-se sobre os costumes culturais de cada um dos seus parceiros de negócios. Tanto na World Wide Web quanto na boa literatura de viagens você encontra dicas e relatos sérios e instrutivos. Assim você demonstra respeito e viabiliza melhor comunicação e uma cooperação mais satisfatória. E não se esqueça: dessa maneira você também amplia o seu próprio horizonte.

Presença soberana ao redor do globo

"Se és diferente de mim, em vez de me prejudicares, enriqueces-me." É por essa perspectiva do escritor francês Antoine de Saint-Exupéry que também devemos encarar as pessoas de outras culturas. Cada cultura tem suas peculiaridades. Estar dispostos a nos abrir para outros costumes, juízos de valor e formas de sociedade, e até para outras religiões e tradições, é sempre enriquecedor. A cada cultura atribuímos determinados traços de caráter – é claro que também cheios de clichês: os Estados Unidos são a terra das oportunidades; a Tailândia, o país do sorriso; a Rússia é boa de copo; a Índia é colorida como nos filmes de Bollywood. Na Europa também há essa distribuição de papéis estereotipados: os alemães são eficientes; italianos e franceses sabem aproveitar a vida; ingleses são formais e suíços representam precisão; os austríacos são o povo dos Alpes; os turcos são bons de pechincha e usam correntes de ouro; os holandeses amam viajar em *trailers*, enquanto os espanhóis são uns temperamentais. Quando conhecemos pessoas desses países, logo percebemos que esses preconceitos e clichês não correspondem à realidade, por mais que por trás deles possa haver um pingo de verdade.

A cooperação entre pessoas de diferentes culturas e países é sempre um desafio. Como é parte indispensável do mundo empresarial de hoje, vale cada vez mais a pena encarar de frente esses obstáculos.

Para ir além de "sobreviver" à heterogeneidade da cooperação internacional e também saber lucrar com ela, é muito útil o conhecimento sobre os diferentes padrões de comportamento culturalmente determinados, assim como ter noções de outras formas de se trabalhar. Se suas tarefas como empresário, gerente de projetos ou funcionário incluem trabalhar em conjunto com culturas estrangeiras, você deve ocupar-se das seguintes questões:

Cultura monocrônica ou policrônica?

A diretora executiva de uma empresa de consultoria e treinamento para ambientes empresariais internacionais recomenda classificar os países em culturas monocrônicas ou policrônicas, a fim de alinhar-se de antemão à cultura de trabalho em questão. Além das duas formas claras, há também formas mistas na Austrália, no Leste Europeu, em alguns países do sul da Europa e na China.

Culturas monocrônicas

Estas culturas priorizam o modo de trabalho em que uma tarefa é cumprida depois da outra. Por isso, fazem planejamento muito detalhado e estruturado. A programação diária é bem organizada. Números, dados e fatos garantem alto grau de credibilidade, e não se interrompe os outros durante conversas. Há uma distinção nítida entre o assunto tratado e o relacionamento entre as pessoas envolvidas. Prazos estabelecidos são cumpridos com precisão e as ações respeitam rigorosamente as regras vigentes. Os países com estilo monocrônico de planejamento e organização incluem a Europa Central e Setentrional, os países anglo-saxões, os Estados Unidos e o Japão.

Culturas policrônicas

Nessas culturas, muitas coisas são feitas ao mesmo tempo. As pessoas começam novas tarefas mesmo que as anteriores ainda não tenham sido concluídas. Os adeptos desse modo de trabalho sabem improvisar bem. Além disso, nos assuntos profissionais a comunicação e o relacionamento entre as pessoas envolvidas ficam em primeiro plano. Com isso, o rendimento é baixo de início, mas no final os projetos também são eficientemente executados. Os prazos são tratados com mais flexibilidade e há mais liberdade ao lidar com números e fatos. O foco está na relação com as pessoas. O estilo policrônico de planejamento e organização é típico especialmente dos países românicos e hispânicos, além da Rússia e países árabes, latino-americanos e africanos.

Cultura emocional ou racional?

Nas culturas emocionais, o bom relacionamento com superiores, funcionários e colegas tem prioridade máxima. A ponto até de as pessoas só serem capazes de cultivar contatos profissionais depois de conhecerem a fundo, e sobretudo pessoalmente, o parceiro de negócios. Resumindo: deve haver o clima certo no trabalho. Antes de fechar negócio, é preciso estabelecer contato mais próximo e firmar uma base de confiança. *Smalltalk* prolongado (pág. 111), atitude verbal e não verbal simpática e interesse sincero no interlocutor de negócios são elementos indispensáveis para uma futura parceria de sucesso. Indivíduos de culturas de orientação emocional precisam ter a sensação de saber exatamente com quem estão lidando. Para você, isso significa ocasionalmente ter de revelar mais do que de hábito as suas opiniões, juízos de valor e convicções. Pois o lema aqui é: "Se nos entendermos bem, também trabalharemos bem juntos".

Nas culturas racionais as prioridades são outras. Nelas, competência técnica, números, dados e fatos ficam em primeiro plano. Para as culturas de orientação pragmática, os relacionamentos pessoais contam bem menos. Em vez disso, tudo depende mais da competência e do desempenho do parceiro comercial. Uma distribuição clara das tarefas e procedimentos estruturados e com foco no desempenho são o parâmetro para uma boa cooperação. A simpatia pessoal tem papel secundário. As pessoas vão direto ao assunto sem rodeios, concentrando-se em enunciados e fatos sóbrios e objetivos. Nas culturas pragmáticas, o foco está em alcançar as metas estabelecidas. O lema: "Trabalho é trabalho, vida pessoal é vida pessoal". Isso não exclui, porém, que uma relação de coleguismo mais profunda possa se desenvolver no decorrer dos processos de trabalho.

Enquanto o modo de trabalho racional é encontrado principalmente nos países e culturas do mundo ocidental, as culturas do Oriente Próximo, assim como os países românicos e hispânicos, tendem a um modo de ação mais marcado pela emoção. O que essa diferença representa do ponto de vista dos seus contatos profissionais internacionais? Suponhamos que um alemão viaje à Espanha para visitar um parceiro de negócios. Na parte alemã predomina a racionalidade, e na espanhola, a emotividade, de início com o relacionamento em primeiro plano. Antes de ir direto ao ponto, é preciso criar uma boa relação. Nesse caso, o parceiro de negócios espanhol preferirá conhecê-lo primeiro como pessoa e saber como pensa, como vive e o que valoriza, no âmbito profissional e privado. Então é preciso ir com calma nessa situação, mesmo que não seja habitual. O alemão precisará falar sobre seus *hobbies*, sua família, sobre hábitos, costumes e tradições do seu país. Assuntos tabus específicos do outro país, como distúrbios na região do País Basco, por exemplo, devem ser evitados.

Pensamento hierárquico forte ou fraco?

Em todas as culturas há um pensamento hierárquico e pessoas que têm mais e menos poder. Via de regra, estas últimas são a maioria. O pensamento hierárquico influencia a sociedade e, com isso, também o mundo empresarial. Na prática, isso significa: culturas com menos pretensões hierárquicas tendem a buscar igualdade em todas as áreas. Lidando, porém, com uma cultura de pensamento hierárquico mais forte, será preciso adaptar-se mais e, principalmente, entrar em contato com o interlocutor certo para impulsionar os processos de negócios e obter sucesso. Ambientes culturais com pensamento hierárquico pronunciado exigem respeito e obediência perante os superiores na hierarquia.

Para entrar no mercado chinês, indiano ou russo, por exemplo, a melhor base é uma boa rede de contatos, com os parceiros certos – sendo que o primeiro contato geralmente é travado por intermédio de um representante. E ainda assim é preciso muito tempo e paciência para se infiltrar junto às pessoas certas em posição decisiva.

Para saber as reais dimensões do respeito às hierarquias em cada país, um especialista em Ciência da Cultura conduziu uma pesquisa e sintetizou os dados em uma tabela com os chamados Índices de Distância Hierárquica. Trata-se de um ótimo recurso que classifica todos os países em uma escala de 0 a 100, sendo que 0 indica pouco respeito em relação aos superiores hierárquicos e 100 aponta muito respeito. Veja alguns exemplos:

› Áustria	11	› Japão	54
› Israel	13	› França	68
› Dinamarca	18	› Hong-Kong	68
› Suécia	31	› Índia	77
› Suíça	34	› África Ocidental	77
› Alemanha	35	› Indonésia	78
› Países Baixos	38	› China	80
› Estados Unidos	40	› Rússia	95

Em suma, isso quer dizer: as maiores pontuações no Índice de Distância Hierárquica foram atingidas pela Rússia e pelos países asiáticos e africanos. Com 40 pontos, os Estados Unidos estão na metade inferior da escala. E na Europa, a distância hierárquica é mais baixa no geral, com a França como exceção com surpreendentes 68 pontos. De acordo com a pesquisa, o menor respeito perante os superiores hierárquicos é dos austríacos, com apenas 11 pontos, e de Israel, com 13 pontos.

Então quanto mais você se informar previamente sobre o caráter profissional de cada contato internacional, melhor. Em primeiro lugar, descubra as particularidades específicas da cultura em questão que vale a pena considerar para não parecer desrespeitoso, ignorante, arrogante ou até desdenhoso. Uma vez ciente dos principais fatos, você poderá se concentrar nas sutilezas verbais e não verbais para a compreensão intercultural – e ter esperança em uma cooperação bem-sucedida com resultados positivos.

Dicas úteis para trabalhar com países com índice superior ao do próprio país:

› Mostre sua posição hierárquica com clareza.

› Entre em contato, sobretudo, com os tomadores de decisões.

› Tenha paciência.

› Dê instruções claras e estruturadas.

› Aja com respeito e mantenha distância.

› O respeito necessário é demonstrado na fala e no comportamento.

› Conte com mais burocracia para a organização e com a participação de funcionários de repartições governamentais.

› Geralmente é importante seguir o protocolo.

Dicas úteis para trabalhar com países com índice inferior ao do próprio país:

› Igualdade no tratamento de todos os participantes das discussões é primordial, independentemente da hierarquia e da posição.

› As relações interpessoais são prioritárias. No primeiro momento, há o desejo de conhecê-lo como pessoa.

› Formalidades, protocolo, burocracias ou etiqueta são secundários.

› Um estilo de liderança cooperativo é uma vantagem.

› Não julgue as pessoas com base em símbolos de *status*, aparência ou privilégios.

› Envolva as outras pessoas nas suas decisões.

Cumprimento: o primeiro desafio

Um aspecto que é importante em todos os contatos de negócios torna-se um desafio especial em relacionamentos internacionais: o cumprimento. Os cumprimentos em si estão fortemente sujeitos aos ritos de cada nação, e podem ser bastante incomuns e muito interessantes. Em muitos encontros internacionais a mão é estendida na ocasião de um primeiro contato. Isso já carrega um grande potencial para conflitos. Afinal, o cumprimento certo ou errado pode ter importância decisiva para o desenvolvimento de um contato que ultrapasse as fronteiras geográficas. Enquanto o aperto clássico de mão (pág. 46) é considerado o ritual corrente de boas-vindas no ambiente cultural ocidental, existe um cumprimento diferente em cada um dos países asiáticos.

› Quem faz uma visita na Tailândia jamais deve pisar na soleira da porta, pois ali repousam os espíritos protetores. E nunca levar flores, pois isso traria azar e a anfitriã teria de se livrar imediatamente daquele mal.

› Ao apertar a mão de um indiano, só podemos comprimi-la levemente. E se for homem, recomenda-se aguardar a iniciativa da indiana. Cumprimentar com um aperto de mão é uma forma de contato corporal, e por isso não é comum entre homens e mulheres em todos os lugares do mundo.

› Nas regiões hinduístas do país, demonstra-se respeito pela cultura do interlocutor de negócios com uma leve reverência acompanhada da palavra "namastê". A saudação do namastê é o mais comum cumprimento hindu, As mãos são posicionadas na frente do peito com as palmas justapostas e as pontas dos dedos apontando para cima [a, pág. 124]. Ao dizer a palavra "namastê", que tem origem sânscrita e significa literalmente "eu o reverencio", a cabeça é levemente inclinada para frente. Esse cumprimento tem grande significado simbólico: as duas mãos representam as forças positivas e negativas, parecido com o que ocorre no *yin* e *yang*. Justapondo as mãos essa dualidade é neutralizada, o que dá mostras de certo equilíbrio. Os indianos valorizam muito os títulos e as formalidades retóricas. Examine atentamente seus cartões de visitas.

› Para os japoneses, o gesto de reverência fica em primeiro plano. É fato que eles às vezes também estendem o braço para cumprimentar, mas sempre bem esticado, para manter distância. A reverência é feita com as costas eretas, sendo que os homens mantêm os braços nas laterais do corpo e as mulheres, sobre as coxas [b, pág. 125]. A reverência é determinada pelo grau na hierarquia, pela idade e pelo sexo. Quem tem nível hierárquico mais baixo deve curvar-se mais e erguer-se novamente só depois do interlocutor de nível mais alto. Na vida pessoal, os mais velhos estão acima dos mais novos na hierarquia, assim como os convidados em relação aos anfitriões e os homens às mulheres. No âmbito profissional, a hierarquia tem papel decisivo. O

a Para o cumprimento indiano namastê, as mãos são justapostas na frente do peito com as pontas dos dedos para cima.

b Para a reverência japonesa, curve-se de costas eretas mantendo as mãos nas coxas.

chefe está naturalmente acima dos seus funcionários, e o cliente, acima do vendedor. Diante de pessoas de nível hierárquico muito alto, o apropriado é uma reverência bastante acentuada. Use ambas as mãos tanto para entregar quanto para receber um cartão de visitas, e a seguir também o examine bem atentamente.

› Na Rússia, são habituais apertos de mão demorados, que após o segundo encontro possivelmente podem ser intensificados com uma batidinha no ombro. Mas trate de esquecer o célebre "beijo fraternal socialista", que não é mais usual. Porém, quando os russos se entendem muito bem, para eles é adequado dar um abraço íntimo e intenso.

› No Oriente Médio, parceiros de negócios cumprimentam-se com o aperto de mão habitual. Por vezes, uma mão também é pousada sobre a outra. A seguir são trocados os cartões de visitas. Examine o cartão de visitas, que comumente é bastante suntuoso, e memorize os dados mais importantes.

› Na América Latina, geralmente uma mão é pousada sobre a outra.

› Quando dois turcos que mantêm contato próximo se cumprimentam, o aperto de mão frequentemente é seguido de um "beijinho" – sendo que somente as faces se tocam. Esse ritual de cumprimento não é esperado de pessoas de outras culturas. Mas caso o seu anfitrião lhe dê a face, ofereça-lhe também a face esquerda e depois a direita enquanto apertam as mãos.

› Alemães e norte-americanos preferem um aperto de mão firme (pág. 46) como sinal de autoconfiança. O aperto de mão dos franceses já é mais brando.

Evite disputas de território

O mais importante é manter distância. O comportamento espacial dos seres humanos – chamado de proxêmica – foi objeto de estudo de um antropólogo norte-americano na década de 1950. Sua conclusão: como qualquer animal que precisa do seu território, todas as pessoas necessitam da sua própria zona de distância, e reagem com instinto de fuga ou ataque quando ela é violada. Não se trata simplesmente de uma área delimitada na qual circulamos e que nunca deixamos. Na verdade ela corresponde a diferentes raios de espaço que cercam inconscientemente cada pessoa e que sempre a acompanham. Esses espaços podem ser ampliados ou reduzidos, de forma real ou simbólica, de acordo com o grau de simpatia. A maioria das pessoas ocupam quatro zonas de distância pelas quais o seu comportamento se orienta. O significado e a proporção da distância dependem de:

› sexo/papel (homem/mulher);
› nível social (correspondência de *status*, diferenças hierárquicas, dominância);
› características psíquicas (extrovertido/introvertido, natureza racional/emocional);
› etnia, nacionalidade e cultura.

A distância adequada

Dependendo do tipo de relacionamento social e da sua origem cultural, as pessoas normalmente mantêm as seguintes zonas de distância em relação às outras:

› Distância íntima de até 45 centímetros (com amigos próximos ou parentes);

› Distância de diálogo de 45 a 80 centímetros (com amigos ou colegas próximos de trabalho);
› Distância de percepção de 60 a 120 centímetros (com funcionários ou conhecidos); e
› Distância pública de até 150 centímetros (pessoas distantes ou desconhecidos, dependendo do grau de simpatia percebido). Esses dados devem ser tomados apenas como parâmetro. É evidente, por exemplo, que indivíduos introvertidos mantêm maior distância em relação ao interlocutor que os extrovertidos.

Zonas de distância internacionalmente

Mas o que essas noções teóricas significam para a prática cotidiana no trato com parceiros de negócios internacionais? Uma pequena ajuda: nos Estados Unidos, a distância ideal equivale ao célebre comprimento de um braço. Qualquer distância menor que essa é percebida como desconfortável e ameaçadora no ambiente de negócios. Na França, essa zona é um pouco menor; na Holanda e na Alemanha, um pouco mais ampla. Os japoneses são os que necessitam de maior distância para se sentirem bem. Por outro lado, no Oriente Médio e na América Latina exige-se pouco espaço próprio. Os europeus do norte precisam de mais espaço que os nativos dos países do sul e do Oriente Médio.

Sendo assim, um encontro entre um discreto inglês e um vivaz porto-riquenho poderia ser algo "problemático". Um estudo demonstrou que os ingleses, em 60 minutos de diálogo, geralmente não tocam o interlocutor uma única vez; os porto-riquenhos, por sua vez, podem chegar a até 180 toques. Trata-se, definitivamente, de uma diversidade um tanto extrema. Mas mesmo diante de comportamentos menos extremos em relação a distância, a diferença na necessidade de espaço pode provocar irritação. Para um homem de negócios alemão, o simples ato de abrirem a porta do seu escritório pode ser interpretado como uma invasão da sua zona íntima se não antes autorizado verbalmente pelo clássico "entre". Já um gestor norte-americano não se perturbaria nem um pouco, desde que se pare diante da porta aberta antes de entrar.

Outro país, outros sinais

Justamente na comunicação intercultural os sinais não verbais têm papel crucial. Afinal, quem não fala a mesma língua do interlocutor pode se entender usando pés e mãos. Isso até pode ser verdade. Mas infelizmente também não é tão simples assim. Seguindo o princípio dos "países diferentes, gestos diferentes", cada nação tem sua própria linguagem corporal, que está fortemente vinculada a determinada cultura e certas normas sociais particulares. Sendo assim, quem se comunica além das fronteiras deve estar atento a algumas peculiaridades internacionais da linguagem corporal para não cometer os famosos deslizes não verbais.

Um gesto, muitos significados

O risco de ser totalmente mal-interpretado do outro lado da fronteira com gestos aparentemente inofensivos é nitidamente maior que com a expressão facial. É fato que também existem muitos gestos cotidianos óbvios nas outras nações. Mas é comum que gestos idênticos tenham significado totalmente distinto em ambientes culturais diferentes. Sendo assim, partir automaticamente do pressuposto que o mesmo sinal corporal também é igualmente interpretado em todos os lugares às vezes pode causar constrangimento.

Mensagens distintas

"Outro país, outros costumes..." – "e outras mensagens", poderíamos acrescentar. É o que mostram os exemplos a seguir:

› A mera frequência de toque já pode provocar tropeços não verbais. Se em países sul-americanos, por exemplo, é bastante comum tocar o interlocutor cerca de 180 vezes por hora, no norte da Europa tal comportamento muito provavelmente seria percebido como bastante inoportuno, se não até intrusivo. E o contrário também acontece: em uma conversa com um europeu do Norte típico, com frequência de toque mais baixa, um sul-americano poderia ter a impressão de pouca simpatia por parte do interlocutor.

› Quanto mais espaço alguém ocupa, maior a atenção que recebe. Então: quanto maiores os movimentos de braços, maior o efeito e mais forte a impressão sobre os outros. Não é por acaso que, por isso, os homens usam gestos de braços mais amplos que as mulheres na maioria das culturas. Contudo, internacionalmente também há diferenças nítidas a esse respeito. Quando um gerente norte-americano deseja ressaltar um ponto em especial durante uma discussão, golpeia com o punho na mesa e reforça o que é dito com batidas ritmadas. As próprias gerentes norte-americanas também usam esse gesto, mas em forma reduzida.

› Os homens japoneses limitam-se a poucos gestos com os braços. No Japão o espaço geralmente é limitado, e movimentos amplos podem invadir o território privado dos presentes. É por isso que o "típico" comportamento japonês muitas vezes parece submisso ou acanhado para as culturas ocidentais, e que os japoneses não raro parecem desinteressados ou indiferentes em negociações. Eles enxergam movimentos intensos de mãos como uma distração que os faria se concentrar menos.

› Os árabes usam os braços para a comunicação não verbal com ainda mais vigor que os americanos. Eles reforçam cada palavra com amplos gestos correspondentes, e assim sinalizam emoções inequívocas como aborrecimento ou entusiasmo.

› Para se referir a si próprio, também se recorre a diferentes gestos em cada país. Os alemães, por exemplo, apontam com o dedo indicador para o próprio peito ou abdome. Os norte-americanos pousam a mão direita aberta no peito [a]. Os japoneses apontam com os dedos indicador e médio estendidos na direção do próprio nariz [b].

a   Os americanos referem-se a si mesmos colocando a mão direita aberta no peito.

b   Os japoneses apontam com os dedos indicador e médio para o nariz quando falam de si.

c   Na maioria dos países europeus e nos Estados Unidos, o gesto de "venha cá" é com os dedos para cima.

d   Na América Latina, no Oriente Próximo e no Sul dos Bálcãs, os dedos se voltam para baixo.

e   O gesto de "O" pode ser neutro, de concordância ou ofensivo de acordo com o país.

f   Dedos indicador e médio formando um V significam paz e vitória na maioria dos países.

g   Polegares para cima geralmente querem dizer "tudo bem", mas também podem ter outros significados.

h   Apontar para alguém com o dedo indicador é sempre tabu.

Porém, um italiano que bate com o dedo indicador ao lado do nariz deseja expressar que algo lhe parece suspeito.

› Como você sinalizaria não verbalmente que quer algo para comer? Se fosse alemão, você provavelmente abriria a boca e apontaria para dentro dela com o dedo indicador, ou imitaria o movimento de comer com um garfo imaginário. Um europeu do sul ou um sul-americano, por sua vez, fechariam as pontas dos dedos levando-as à boca como se comessem algo com as mãos. E um japonês imitaria uma tigela com a mão esquerda aberta para cima e os pauzinhos com os dedos indicador e médio da mão direita, levando-os da tigela à boca.

› Para sinalizar que alguém se aproxime, a maioria dos europeus e norte-americanos erguem a mão com o interior para cima e fazem com os dedos dobrados um movimento rápido na própria direção [c, pág. 129]. Na Espanha, em Portugal, no sul da Itália, na América Latina, no norte da África, no Oriente Próximo e no sul dos Bálcãs, o aceno é feito com a palma da mão para baixo – ou seja, ao contrário [d, pág. 129].

› Se já visitou a Itália, você certamente também notou os seguintes gestos: interior da mão virado para cima, dedos juntos curvados para cima e apoiados contra o polegar. Com isso, os italianos querem dizer: "Mas o que você quer, afinal?" – quando não estão gostando de algo. Na Turquia, esse gesto significa: "tudo bem, ótimo". E no Egito ele expressa: "Um momento, por favor espere".

Mal-entendidos "visíveis"

Portanto, os gestos podem não só ser muito diversificados, como também causar equívocos, mesmo que supostamente sejam sinais óbvios e usuais.

› Na América do Norte e na Europa, fazer um "O" com os dedos polegar e indicador [e] é visto como um sinal positivo e afirmativo. Já para os japoneses, isso simboliza dinheiro. Na França, na Bélgica e na Tunísia, por sua vez, reconhece-se nesse gesto a forma de um número zero, compreendendo-o como um sinal de que algo não tem valor. Já em Malta, na Grécia, na Turquia, na Rússia e em parte da América do Sul, assim como no Oriente Próximo, o "O" mímico é um gesto ofensivo e com carga extremamente obscena. O mesmo acontece com o chamado "V de vitória" [f], com os dedos indicador e médio erguidos para formar um V, geralmente como símbolo de êxito ou paz. Na Grã-Bretanha e na Austrália esse gesto dá a entender de forma bastante indelicada que a presença de alguém não é mais bem-vinda.

› Canhotos podem cair rapidamente em desgraça nas culturas árabes ao entregar ou receber algo com a mão esquerda, já que ela é considerada suja e seu uso se limita às funções de higiene. Por isso, seu uso também não é apropriado à mesa, já que jamais é empregada na alimentação.

› O "sinal de joia" [g] com o polegar erguido tem significado positivo em muitos países. Esse gesto vem da época dos gladiadores romanos. Quando o polegar do imperador apontava para cima, a luta estava terminada e o guerreiro era agraciado com a liberdade. Se apontava para baixo, o espetáculo continuava e o guerreiro estava fadado a morrer. Desde então, o polegar para cima significa "tudo bem", "ótimo" ou "excelente" em muitas culturas. Mas não na Austrália ou na Nigéria, onde tem sentido totalmente distinto, por exemplo: "dê o fora". Ao fazê-lo, o dedo geralmente é um pouco balançado para lá e para cá.

› Se na Alemanha o polegar levantado também pode significar "um", já que a contagem é iniciada com ele, no Japão ele pode representar o número cinco. Ademais, em partes do Oriente Médio o polegar é um sinal de flerte, e em algumas regiões da Grécia é interpretado como um gesto obsceno.

› Ou tomemos de exemplo um gesto tão cotidiano quanto apontar para algo. Aprendemos desde crianças que não devemos apontar com o dedo para ninguém [h, pág.130]. Na China, na Indonésia e no Sri Lanka também é tabu apontar o indicador para as pessoas. Mas na Tailândia é preciso ter cuidado especial com o gesto de apontar. Lá, cumprimentar descuidadamente batendo com os dedos indicador e médio na própria têmpora é um convite para aventuras homossexuais. E quem reforça a própria fala golpeando o punho cerrado contra a outra mão está ofendendo as mulheres, já que esse gesto é compreendido como um convite sexual.

› Um deslize da linguagem corporal que é imprescindível evitar no Oriente Médio: jamais mostre a sola do sapato, cruzando uma perna sobre a outra ao se sentar, por exemplo. Com a sola do sapato você mostra ao seu interlocutor a sujeira da rua, associada ao que é impuro.

Não é por acaso que, na cultura árabe, atirar os sapatos nos outros é expressão de grande desprezo.

Como se manter em domínio seguro

Haja vista as inúmeras diferenças culturais no mundo todo, é evidente que esses exemplos demonstram apenas uma fração das possíveis "armadilhas linguísticas" que o entendimento internacional em nível não verbal reserva. Em todo caso, é simplesmente impossível memorizar todos os gestos condicionados pelas diferentes culturas. Todavia, cinco regras básicas e simples podem ajudar a reduzir as chances de interpretações equivocadas:

1. Sinais da linguagem corporal não devem ser examinados isoladamente, mas sempre no contexto. Um único sinal expressivo diz pouco quando o restante do corpo não reforça a impressão. A combinação de linguagem corporal, idioma, situação e cultura é decisiva.

2. Não há lugar para preconceitos no entendimento não verbal entre povos, pois somente quem é imparcial é realmente capaz de compreender o interlocutor.

3. "Manobras de dissimulação" também podem ser identificadas em uma linguagem corporal desconhecida. Pessoas que permitem reconhecer por meio da linguagem corporal o que pensam ou sentem são autênticas. Quem expressa algo que está em contradição com o que está dizendo dificulta a compreensão mútua. Em casos assim, perguntar ajuda a esclarecer a situação.

4. Em encontros interculturais, conhecimentos sobre os padrões culturais do interlocutor realmente ajudam a interpretar adequadamente os gestos. Mas igualmente importante é ter empatia, simpatia, compreensão, aceitação, curiosidade e consciência da existência de diferenças. Reconhecer tais distinções é o mais importante pressuposto para uma boa comunicação interpessoal intercultural.

5. A razão de mal-entendidos na comunicação não verbal acontecerem mesmo com padrões culturais idênticos é o fato de que ninguém jamais vê uma situação ou um assunto exatamente do mesmo jeito que o seu interlocutor. Cada pessoa percebe as coisas ao seu redor de forma distinta, pois as experiências pessoais sempre influenciam nossas visões.

Então resta a pergunta: Como não correr risco de errar com sua linguagem corporal no cenário internacional sem precisar aprender de cor o vocabulário não verbal de cada nação? A estratégia mais recomendável parece ser economizar no gestual e na expressão facial. Afinal, quanto mais contida a sua própria linguagem corporal, menor a chance de ser mal-interpretada.

Mesmas emoções, outra expressão facial?

Inúmeros estudos comprovam que as expressões faciais emotivas podem ser universalmente decifráveis – mas isso nem de longe significa que sejam necessariamente compreensíveis. Afinal, a motivação dos sentimentos não é igual em todos

Emoções – um mundo para si

Em âmbito internacional é preciso ter uma percepção diferenciada das emoções, já que mesmo sentimentos universais como o aborrecimento são expressos de forma distinta – ou sequer são exteriorizados – em diferentes culturas ou situações. Nas culturas asiáticas, por exemplo, é incomum demonstrar irritação. Isso já vale até para crianças pequenas. Quando um desejo seu não é realizado, elas simplesmente aceitam a situação – diferente das crianças nas culturas ocidentais.

os lugares, pois as coisas são vistas de forma diferente de cultura para cultura. Segundo um psicólogo norte-americano, existem dez emoções básicas que se manifestam em todas as culturas do mundo: interesse, dor, repugnância (aversão), alegria, raiva, surpresa, vergonha, medo, desprezo e culpa. Porém, quem demonstra essas emoções, quando e em qual situação são fatores que dependem das respectivas convenções sociais.

A percepção das emoções

São muito comuns os mal-entendidos na interpretação das emoções, sobretudo entre as culturas ocidentais e asiáticas. Os asiáticos têm problemas para interpretar corretamente a expressão de emoções negativas como medo, raiva e nojo em europeus e americanos, já que eles próprios dão menos vazão a esses sinais. E europeus e americanos, por sua vez, têm a sensação de que os asiáticos em geral são muito inemotivos. O motivo: há diferenças culturais claras nos processos de decodificação das expressões faciais. Ao interpretar sinais mímicos, os asiáticos focam quase apenas nos olhos, enquanto culturas ocidentais levam em conta a combinação dos movimentos dos olhos e da boca. A isso se soma o chamado *efeito da outra raça* (EOR ou *cross-race-effect*), que faz com que o reconhecimento de rostos e emoções seja mais fácil dentro do mesmo grupo étnico – asiáticos, portanto, são capazes de interpretar melhor as emoções dos seus conterrâneos que as de outras etnias, e vice-versa. Tais obstáculos de entendimento parecem ser a razão para 50% de todas as negociações entre alemães e chineses fracassarem. E mesmo negociações de contratos aparentemente bem-sucedidas levam, em 60 a 70% dos casos, a fechamentos não ideais. De acordo com um estudo, cerca de um terço dessas negociações fracassadas podem ser indiretamente motivadas pelo efeito da outra raça, que é responsável por falta de empatia e até por julgamentos equivocados entre parceiros de comunicação de diferentes nacionalidades, entre outros.

Quanta emoção é adequada?

Diferentes culturas têm diferentes padrões para lidar com emoções. Cada cultura determina, com base em suas normas sociais, em sua moral e em seus juízos de valor, quando alguém pode demonstrar determinadas emoções e quando cada emoção é apropriada – quando se deve minimizá-las, intensificá-las, "neutralizá-las" ou ocultá-las sob outros sentimentos. Nas culturas ocidentais as emoções também só são recebidas com compreensão até certo ponto. A quem se mostra sentimental demais logo se atribui falta de autocontrole e uma personalidade instável. No Irã, porém, a disforia (demonstração breve de sentimentos negativos intensos) tem papel relevante. Quando se sentem insatisfeitos, mal-humorados, indispostos, irritados, rabugentos ou aborrecidos, os afetados exteriorizam claramente essas sensações. As emoções trágicas da vida podem ser demonstradas em público.

Em linhas gerais, é feita uma diferenciação entre países individualistas e coletivistas. Em culturas coletivistas, como o Leste Asiático e a América do Sul, o bem da comunidade é mais importante, enquanto nas culturas individualistas – que incluem os países industrializados ocidentais – a independência e a singularidade dos indivíduos ficam em primeiro plano. A diferença na maneira de lidar

Estar informado rende frutos

Para realmente ser capaz de compreender um parceiro de negociação de outro país e perceber suas emoções, é preciso familiarizar-se de antemão com os costumes da respectiva cultura e linguagem corporal e com seu estilo de comunicação. Assim você não só evita cometer erros, como também causa impressão de maior abertura e competência.

com as emoções nas duas zonas culturais é nítida: nas culturas coletivistas, as alterações fortes de ânimo são vividas mais raramente como indivíduo, mas bem mais em grupos. Elas frequentemente se dão devido a (grandes) acontecimentos positivos ou negativos e, por isso, dizem respeito ao objeto. Em contrapartida, pessoas de culturas individualistas valorizam bem mais a independência emotiva e se deixam influenciar menos pelo grupo ou pela situação.

Atlas internacional das emoções

Em negociações profissionais que ultrapassam as fronteiras geográficas, a intensidade correta dos sinais verbais e não verbais é primordial. Por exemplo: Como seria a reação do seu interlocutor de negócios diante de um riso alto, de uma encarada longa demais ou de um praguejar sem fim? Ou melhor dizendo: Qual é o grau de emoção que é recomendável demonstrar em cada país? Eis uma seleção:

› Inglaterra

A fina índole inglesa é mundialmente conhecida e diz respeito a uma presença respeitosa e discreta. Inerente a ela também é a cordialidade absoluta em qualquer situação. Explosões de ânimos são vistas como constrangedoras. Certo grau de frieza e distanciamento é sempre esperado, ainda que os britânicos sejam conhecidos por seu humor peculiar.

› Suíça

Pontualidade, correção, distância adequada, direcionamento objetivo para o que é essencial e concentração nos detalhes decisivos são importantes. Em primeiro plano também estão um comportamento cordial e a capacidade de buscar um consenso. Tudo sempre precisa ser explicado com exatidão. Os suíços são muito reservados com suas emoções.

› Índia

Os indianos são indivíduos emotivos, ainda que a maioria deles tenda a manter discrição com suas emoções nas negociações profissionais. Não obstante, o riso e um trato menos sério são sempre bem-vindos e servem como fator regulador do estresse. Demonstrar simpatia ajuda a construir mais rapidamente as bases para a confiança.

› Filipinas

O povo filipino age sempre com reserva. Isso significa que você pode rir discretamente quando adequado à situação, mas manifestações sonoras e explosões emotivas são absolutamente inadequadas. Elas deixariam o seu interlocutor realmente constrangido. Em qualquer hipótese, procure expressar emoções cara a cara, mas jamais diante de um grupo. Os filipinos são conhecidos como um povo muito sensível.

› Tanzânia

Um comportamento calmo e tranquilo é esperado. Se ficar furioso, demonstre pela expressão facial – é inapropriado falar alto ou insultar os outros. O choro é percebido como sinal de fraqueza e jamais admitido para homens. Não há problema em fazer piadas, desde que mantendo os modos.

› China

Em reuniões profissionais, a amabilidade e a cortesia vêm em primeiro lugar. As negociações são sempre um pouco "turvas" de início. Nas culturas ocidentais, estamos habituados a logo pôr as cartas na mesa. Os chineses, por sua vez, aproximam-se das questões centrais muito lentamente. Primeiro trocam muitas gentilezas e pontos consensuais são demarcados passo a passo. Os chineses gostam de saber com quem estão lidando. Sorri-se muito, às vezes também de vergonha ou insegurança. Quanto mais constrangedora a situação, mais se sorri. O sorriso também pode indicar que algo não está sendo considerado correto.

› México

Aqui o principal é o bom relacionamento com os níveis mais altos da hierarquia. Se ele estiver intacto, conte com um ritual moroso de negociação, com comida e pechinchas em excesso. Em comparação com os brasileiros, os mexicanos são mais sérios e fechados. Ainda assim, os interlocutores de negócios são recebidos com grande cordialidade e abertura. Gesticular expressivamente e rir alto são inerentes a uma boa conversa. É comum reforçar o trato amigável por meio do contato corporal. Não se esquive, pois nessa cultura isso representa desconfiança. Grande parte da cultura mexicana é pautada pela emoção. Os sentimentos são expressos abertamente e a tensão é quebrada com piadas e disputas bem-humoradas. Não critique e procure evitar conflitos.

› Rússia

À primeira vista, os russos parecem um povo fechado e de poucos amigos. Afinal, não é costume rir para desconhecidos no país. Para o povo russo, o sorriso deve vir sempre do coração e não pode ser fingido – e, além disso, deve ser adequado ao relacionamento. Ademais, os russos sabem controlar maravilhosamente suas emoções. Prepare-se, pois comida e bebida em excesso são parte de toda negociação.

› Estados Unidos

Sinceros, amigáveis, informais, otimistas e apaixonados – esse poderia ser o lema dos relacionamentos profissionais com americanos. Mostre-se positivo e confiante. Não vá tão direto ao ponto e não comece a discutir imediatamente – nas preliminares para fechar um negócio, isso pode ser visto como muito agressivo. De início, um pouco de *smalltalk* (pág. 111) atencioso faz parte da pauta, para assim criar as bases para um diálogo harmônico. Também por isso todos começam a se tratar logo pelo primeiro nome. Convites para lazer ou outras atividades podem ocorrer, mas não leve necessariamente a sério. Apesar da atmosfera amigável e íntima, atente para manter distância e discrição adequadas. Não se intrometa em questões particulares, pois a individualidade e a vida privada são sagradas para os americanos. E tome a peito o credo norte-americano: "*You can make it!*" (você é capaz!)

› Bulgária

À primeira vista, os búlgaros parecem sérios e reservados. Por isso, principalmente no começo, é recomendável investir muito tempo para criar um bom relacionamento. É normal que de início sejam feitas muitas insinuações, já que se comunica mais indiretamente. Cabe ler nas entrelinhas para extrair um conceito geral. Críticas não são indicadas. Se uma pergunta for ignorada é porque não desejam se aprofundar no assunto. Então não a repita. Em negociações, os búlgaros são justos e dispostos a chegar a um acordo. Esteja preparado para tratar de vários assuntos ao mesmo tempo durante as reuniões.

Concordância ou discordância?

Na maioria das culturas, balançar a cabeça na vertical é sinal de concordância e, na horizontal, de negação. Nesse aspecto a Bulgária é uma exceção. Para expressar concordância, a cabeça é abanada lateralmente. Algo importante de saber!

Inclinar a cabeça também tem diferentes significados. Se nas culturas ocidentais isso é muitas vezes interpretado como gesto de rejeição ou insegurança, nas culturas asiáticas pode ser sinal de audição ativa ou significar: "aceito minha posição hierárquica". Por essa razão, na vida profissional o gesto de inclinar a cabeça é ainda mais acentuado nos subordinados na hierarquia. Durante negociações, é comum que os chefes japoneses baixem a cabeça e fechem os olhos para que nada os distraia e possam se concentrar melhor. Para americanos e europeus, por sua vez, esse seria um sinal de desinteresse e desrespeito.

Onde reconhecer um "sim":
› balançar a cabeça na vertical: mundialmente
› abanar a cabeça para os lados: Índia, Paquistão, Bulgária
› jogar a cabeça para trás: Etiópia

Onde reconhecer um "não":
› abanar a cabeça para os lados: bastante difundido
› jogar a cabeça para trás: culturas árabes, Grécia, Turquia, sul da Itália
› erguer as sobrancelhas: Grécia
› balançar a mão: bastante difundido
› abanar a mão: Japão
› cruzar as mãos: bastante difundido
› bater com a mão no queixo: sul da Itália, Sardenha
› balançar o dedo indicador: bastante difundido

Sorrir nem sempre é bom

"O sorriso que dás volta para ti mesmo", diz um provérbio indiano. É esse o caso em muitas culturas, mas nem de longe em todas. Nos Estados Unidos, por exemplo, ri-se muito e para qualquer pessoa. Em algumas empresas isso é até conscientemente treinado – o McDonald's®, por exemplo, tem um centro de treinamento próprio para os atendentes. Quando as primeiras filiais do McDonald's® foram abertas em Moscou, os americanos tentaram levar o sorriso aos habitantes da cidade. Mas infelizmente com pouco sucesso, pois os clientes do McDonald's® se sentiram como se estivessem rindo deles – já que em seu país é pouco usual sorrir diretamente para desconhecidos.

O Japão também não tem uma "cultura do sorriso" como a norte-americana. Os homens sequer riem em público e as mulheres não mostram os dentes quando riem. Para evitar um sorriso radiante, as mulheres japonesas antigamente até pintavam os dentes de preto. Então, o que pertence ao repertório facial mais óbvio da expressão facial nas culturas ocidentais só se firma lentamente no Extremo Oriente, embora nesse meio-tempo já seja tolerado. No entanto, lá as vantagens do sorriso – a produção de hormônios da felicidade que têm efeitos positivos sobre o corpo – também já passaram a ser reconhecidas. No Japão as pessoas agora até se esforçam para treinar o sorriso em público. Portanto, o sorriso é um sinal mímico nada óbvio, e pode ter muitos significados distintos principalmente em contatos profissionais – de simpatia a um pedido de desculpas, passando pela negação e até recusa. Um riso alto ou descontrolado, por exemplo, é considerado pouco educado ou sinal de insegurança ou desconforto.

Não por acaso a Tailândia é designada como o país do sorriso. Lá o sorriso é obrigatório e expressão estereotípica da vida social – uma regra de etiqueta. Se um gerente tailandês perde o emprego, ele lhe contará com um sorriso no rosto. Tailandeses, indonésios e filipinos sentindo raiva, tristeza ou dor riem em público. Assim eles expressam que estão guardando sua dor para si e que não querem obrigar ninguém a compartilhar dos seus problemas. Afinal, com a exteriorização de emoções corre-se o risco de perder o respeito, já que as pessoas ao redor poderiam não saber lidar com essa manifestação. Por isso, é comum que os afetados por situações emocionalmente difíceis se recolham entre suas quatro paredes.

O olhar

Não é nada fácil interpretar o comportamento do olhar em diferentes culturas. O desvio do olhar pode ocorrer porque alguém está se aproximando demais, porque tem *status* mais elevado, porque o indivíduo está inseguro, é introverti-

Variantes do riso

O riso pode ser expressão de mal-estar, nervosismo ou constrangimento, mas também de alegria. Cada cultura ri de um jeito e atribui diferentes significados ao riso. Entre os extremos de americanos e asiáticos, há inúmeras outras culturas do riso, ainda que menos marcadas. Se na Alemanha, por exemplo, se ri pouco e de forma contida e um sorriso constante seria visto como artificial e simulado, o riso nos países árabes e sul-americanos é desembaraçado e alto, geralmente associado a gestos muito expressivos. Na África Negra, o riso é expressão de surpresa, de insegurança ou de grande desconforto.

do ou simplesmente porque o contato visual direto simplesmente não convém na cultura do interlocutor. "Ele não conseguiu me olhar na cara" ou "olhe nos meus olhos quando fala comigo" são frases com que nos deparamos com frequência no nosso ambiente cultural, já que nele o contato visual ativo (pág. 51) tem grande significado na comunicação. Dependendo da duração, da frequência e da direção são atribuídos diferentes significados ao contato visual. O olhar é que decide se sentimos que o interlocutor está interessado, entediado ou desatento ou se está sendo agressivo, sincero ou dissimulado. Tais interpretações podem ocorrer de forma totalmente distinta em outros países e outras culturas.

Uma gerente alemã que só vive na Índia há pouco tempo e entende o olhar baixo dos seus funcionários indianos como insincero ou culpado provavelmente não sabe que, da perspectiva indiana, esse comportamento é de extremo respeito perante uma pessoa em posição superior. Esse simples exemplo já demonstra o enorme potencial de conflito que a interpretação dos olhares reserva, sobretudo pelo fato de o olhar frequentemente ser sinal de poder. Em muitas culturas, como em regiões da América Latina e no sul da América do Norte, o contato visual é considerado um sinal de pouco respeito. Os japoneses também são reservados e preferem olhar para o pescoço em vez dos olhos. O contato visual direto durante o diálogo logo é visto como uma violação da esfera íntima, e em qualquer circunstância é visto como descortês. Mesmo entre colegas japoneses que se sentam próximos no escritório, vale a regra subentendida de não se olhar nos olhos, para assim respeitar a esfera privada do outro.

Em negócios com parceiros russos, por sua vez, um contato visual nítido sinaliza grande interesse na conversa. No Brasil, o bom-tom nas reuniões de negócios muitas vezes também inclui toques amigáveis além do contato visual intensivo. Na China, quem fala mantém contato visual com o ouvinte, mas este último não só evita olhar nos olhos do primeiro como até olhá-lo no rosto. Quem realmente encara o interlocutor causa a leve impressão de ameaça ou agressividade. Então para os europeus, o contato visual cultivado pelas culturas árabes muitas vezes é intenso demais e faz com que se sintam verdadeiramente expostos durante o diálogo. Com ele, os árabes não sinalizam necessariamente o desejo de intensificar o contato com o interlocutor. Eles procuram bem mais investigar com o olhar os verdadeiros pensamentos e intenções do outro – com base na sua crença de que "os olhos não mentem". Trata-se de uma particularidade expressiva que também pode ser interpretada incorretamente em outro sentido. Por isso, na cultura árabe quem não deseja revelar seus sentimentos mais íntimos guarda o seu olhar para si, assim por dizer, muitas vezes olhando para outras pessoas em vez do interlocutor em situações como essas. Talvez seja por isso que algumas pessoas se mantêm de óculos escuros enquanto conversam...

Motivando e convencendo com a linguagem corporal

Será que no passado era mais fácil quando cartas e anotações bastavam? Hoje mesmo conteúdos valiosos ecoam no vazio quando não apresentados de forma convincente. Mas com os sinais certos, você transmite sua mensagem com competência: na equipe, diante de clientes e como líder.

Linguagem corporal em apresentações

O tempo é um bem cada vez mais valioso na vida profissional. Os prazos precisam ser cumpridos e a concorrência deve ser ultrapassada. E de uma maneira ou de outra, toda empresa deseja estar sempre um passo à frente. Consequência: eficiência máxima é indispensável, também nas apresentações. Exposições enfadonhas e demonstrações sem fim já não são mais oportunas. Quem faz apresentações nos dias de hoje precisa ir logo ao ponto e convencer no mínimo de tempo. Mas como deve ser a apresentação ideal? Claramente estruturada e compreensível. Concentrada nas informações decisivas. E principalmente: impressionante. Pois só o que cativa os ouvintes e tomadores de decisões nesse curto intervalo é capaz de convencê-los. Próxima pergunta: O que torna uma apresentação impressionante? É claro que, em grande parte, um produto inovador, uma ideia criativa ou um conceito definitivo. Mas o "como" importa, no mínimo, tanto quanto o "o quê". E no que consiste esse *como*? Primeiro na apresentação em si, que deve ser técnica e visualmente perfeita e tão criativa e divertida quanto possível. Mas também no palestrante, cujo desempenho é um critério comumente mais decisivo do que geralmente supomos. Não é por acaso que cada vez mais empresas oferecem aos seus funcionários seminários sobre o tema. Vale a pena, portanto, dedicar tanta atenção à própria linguagem corporal quanto ao formato e ao conteúdo dos *slides* da apresentação.

Convencendo desde o início

Paralelamente a uma boa apresentação retórica, nas palestras os sinais não verbais também têm papel crucial. Afinal, com a expressão facial, o gestual, a postura e a voz, enviamos o tempo todo mensagens aos ouvintes – geralmente sem perceber. Infelizmente, esse aspecto é negligenciado com muita frequência. O que acontece nesses casos: o palestrante se encastela atrás do púlpito, agarra-se a ele com força como a um navio afundando, olha a maior parte do tempo para suas anotações e murmura monotonamente ao microfone.

Um grande erro, já que a maneira como nos mostramos, nos movemos, reagimos a comentários, olhamos para os ouvintes e participamos da interação tem peso maior que o conteúdo que expomos. Para iniciar uma apresentação de maneira ideal no âmbito não verbal e estabelecer uma conexão com o público, o melhor é proceder conforme a seguir:

1. Ainda antes de entrar, imagine-se em uma conversa normal com uma pessoa conhecida. Fale, ande e gesticule com afinco e entusiasmo como se quisesse convencer um amigo ou um colega de algo.

2. Elimine do pensamento quaisquer perspectivas negativas e programe-se mentalmente para o sucesso. Diga para si próprio na imaginação: "Farei uma ótima apresentação. Vou conquistar os ouvintes. Eu sou capaz. Estou bem preparado(a). Vou falar devagar e olhar para o público. Meus gestos reforçarão o que minhas palavras dizem". Visualize em detalhes aquilo a que deseja se atentar. Repasse mais uma vez em pensamento os pontos principais e alegre-se com a oportunidade iminente de passar adiante, de forma competente, o seu conhecimento. Habitue-se a fazer essa preparação como um ritual fixo, semelhante ao que fazem os atletas de alto nível.

3. Suba no palco com vigor e vivacidade [a, pág. 144], mas não corra como se temesse que o público fugisse de você. Aproxime-se em ritmo calculado do centro do palco, sem jamais começar a falar antes de chegar. Só quando já tiver parado e assumido sua posição você terá atenção total do público.

4. Quando estiver a postos, assuma uma postura ereta e autoconfiante (pág. 41). Não se trata meramente do princípio militar do "peito para fora, barriga para dentro", que o faria parecer rígido e inacessível. Encontre a medida certa de encaixe corporal para irradiar força e energia sem parecer um general.

5. Uma tarefa mais exigente é a arte da pausa prolongada, que de início custa um pouco de esforço, porém compensado pelo seu grande efeito. Mantenha-se de pé na sua posição, relaxado e ereto, olhe para o público antes de iniciar a apresentação e dê um sorriso para os espectadores enquanto continua em silêncio. Só quando tiver a sensação de "agora todos os olhos estão voltados para mim", e quando reinar um silêncio sepulcral, comece a falar no volume apropriado. Esses segundos lhe parecerão uma eternidade, mas para o público a pausa será totalmente natural. Aproveite esse tempo para respirar fundo mais uma vez.

6. Antes de finalmente começar, é preciso fazer um convite gestual, assim por dizer – o gesto de esticar os braços. Afaste os braços em uma distância que o faça se sentir à vontade, mas imprescindivelmente direcionando as palmas das mãos uma na direção da outra – ou para cima, o que é ainda melhor. A única regra: braços longe do corpo! Esse gesto é importante porque uma mera saudação verbal com o orador imóvel sobre o palco não é percebida como convincente, e por isso parece antipática. Não é com essa impressão que ninguém quer começar.

Mostre-se na melhor forma

Em 1970, cientistas norte-americanos fizeram-se a seguinte pergunta: É possível enganar um grupo de especialistas com uma técnica de apresentação tão brilhante a ponto de eles não notarem a total falta de sentido do conteúdo? Eles contrataram um ator e treinaram sua atuação dias a fio. O objetivo era uma palestra brilhante cujo conteúdo não fizesse nenhum sentido. O resultado: vários especialistas foram arrebatados pela fala do convincente ator e se entusiasmaram com sua apresentação. Desde então, esse estudo foi apelidado de "Efeito Dr. Fox". Na vida real, isso significa: por melhor e mais convincente que o conteúdo apresentado possa ser, o sucesso efetivo só é alcançado causando uma ótima impressão – ou seja, com linguagem corporal convincente. Nem você e nem o público notarão conscientemente os sinais não verbais, mas sua presença será definida de forma decisiva por eles. Então o melhor não é tentar controlar totalmente a

a Suba no palco com tranquilidade e o olhar direcionado ao público.

linguagem corporal, mas saber otimizá-la de modo geral e aplicá-la com eficácia. Você deve dedicar atenção especial aos seguintes aspectos:

Movimentos objetivos

Nada causa impressão menos profissional que uma linguagem corporal inquieta e descoordenada. Calma é a palavra mágica que você deve transmitir ao público com seu gestual, expressão facial e postura. E desde o começo, movendo-se com passos soberanos sobre o palco e ocupando sua posição. A partir de então, o que vale é: não fique imóvel como se estivesse petrificado, mas também não ande nervosamente para lá e para cá. Não fique sacudindo os braços. Mantenha-se em movimento, mas com foco e pausas intencionais. De tempos em tempos, retorne a uma posição firme em pé, mantendo-se parado nela por um momento e fazendo gestos direcionados. Vez ou outra você também pode se deslocar lateralmente, para frente ou para trás. O motivo: mantendo-se imóvel no mesmo lugar, o seu público também fica mentalmente estático. Quando você se move, os pensamentos dos ouvintes acompanham. Movimentos em excesso provocam distração, contudo.

Despertar interesse com o contato visual

Tão consciente quanto os movimentos deve ser o contato visual que você mantém com o público. Para tal, escolha algumas pessoas que lhe transmitem bem-estar por sinalizarem interesse e atenção. O

O olhar acompanha

Quando se deslocar, olhe sempre na direção em que está andando. Todo o restante pareceria pouco natural. Se estiver ofuscado pela luz do palco, deslize o olhar por cima do público, para a esquerda, para a direita e de volta para o centro.

contato visual deve ter sempre a duração de um pensamento. Ao contar uma história, escolha mentalmente um ouvinte e imagine que sua narrativa é direcionada somente a ele. Assim você ficará mais concentrado e confiante.

Um bom espetáculo mesmo no púlpito

Se precisar falar atrás de uma tribuna, você terá espaço bastante limitado para se movimentar e perderá muito da sua presença física. Nesse caso, será preciso trabalhar três vezes mais a voz e os gestos para obter atenção. Por isso, o melhor lema é: "longe do púlpito". Mas se não tiver outra escolha, convença com a linguagem corporal do umbigo para cima. Como descobrir se encontrou a intensidade certa no gestual? Muito simples: quando você pensar que está exagerando, o público sequer estará notando nada de especial.

Saiba calar

Treinar a retórica é uma condição importante para adquirir um estilo convincente de palestrar. Igualmente importante é a habilidade de calar – sendo que ela é mais difícil de aprender. Fazer pausas intencionais custa esforço de início, mas é imprescindível. O motivo: o público sempre precisa de tempo para acompanhar e refletir. Então quando quiser dar destaque especial a uma afirmação, cale-se por alguns instantes ao concluir a frase. Uma boa pausa dura de três a cinco segundos. Aproveite esse tempo para respirar fundo.

Demonstre sentimentos

Os ouvintes também precisam conseguir sentir o que você está dizendo, pois caso contrário, o efeito das suas afirmações se perde. Então quando contar algo alegre, também é preciso mostrar ao público a expressão correspondente (pág. 23). E ao falar de um tópico sério, contenha suas expressões mímicas. Se quiser demonstrar ira, exiba sua ruga de brabeza na testa (pág. 27). Ao contar um fato surpreendente, demonstre-o também – de queixo caído e olhos arregalados (pág. 25). Mesmo que tenha a impressão de estar exagerando na expressão facial, saiba que não está. As outras pessoas notam nossos sinais não verbais intencionais em intensidade bem menor que nós próprios, e um rosto espantado, por exemplo, é percebido como uma confirmação mímica natural do que foi dito.

O efeito está literalmente nas suas mãos

Junto com a expressão facial, mãos e braços são nossos recursos expressivos não verbais mais fortes, e contam com múltiplos talentos. Eles são capazes de reforçar o conteúdo de uma fala ou apresentação, mas também falam muito por si próprios. Por isso, gestos com as mãos não podem faltar em uma palestra. Eis as regras principais:

1. Faça símbolos

Os gestos precisam sublinhar o conteúdo e não podem ser contraditórios. Alguns exemplos: quando falar de uma grande quantidade, demonstre-a com ambos os braços. Se quer perseguir uma meta, então a aponte com a mão para frente [b, pág. 147]. Se há três pontos importantes, mostre-os ao lado do corpo levan-

Um treino rápido de emoção

Para quebrar a inibição que precede uma expressão facial forte, imagine que você é um mímico profissional que só conta com o corpo, a expressão facial e os gestos para demonstrar o que sente. Ocupe bastante espaço. Não se preocupe com o exagero. Um mero apontar de dedo não diz nada. O melhor é praticar na frente do espelho.

Exemplos:

Imite alguém que se surpreende; um tomador de decisão passando um sermão nos funcionários; um colega consolando o outro; uma criança chorando a morte do seu *hamster*; uma pessoa passando uma cantada; alguém dando uma ordem. Não há limites para as suas ideias neste exercício.

b A mão apontada verticalmente para frente mostra a meta perseguida.

c Dedos erguidos ao lado do corpo frisam uma contagem.

d Com polegar e indicador podemos ilustrar uma alteração mínima.

e Diante de um grande público, os gestos também podem ser maiores.

f Gestos com as mãos de baixo para cima parecem simpáticos para o público.

g Agradeça ao seu público com uma leve reverência e um sorriso.

tando três dedos [c, pág. 147]. Um crescimento econômico pode ser representado com um movimento ascendente da mão. Uma afirmação importante pode ser ressaltada com o indicador levantado. Duas opiniões contrárias podem ser expressas levantando uma ou ambas as palmas das mãos na frente do corpo e acompanhando-as com um giro lateral da cabeça. Uma alteração mínima pode ser mostrada aproximando os dedos indicador e polegar [d, pág. 147].

2. Primeiro gestos, depois palavras
O efeito dos gestos é especialmente forte quando os sinais não verbais são executados antes dos enunciados verbais. Pois normalmente o corpo fala primeiro, depois seguido pelas palavras. Quando os políticos ficam realmente furiosos, primeiro golpeiam a tribuna para depois iniciar suas críticas. Um bom método para aprendê-lo: leia contos de fadas usando o corpo todo. Apoie o livro em um suporte e interprete a história tanto com palavras quanto com a linguagem não verbal. Quanto mais você praticar essa sequência, mais automática será a forma com que a empregará no futuro.

3. Braços longe do corpo
Esteja atento para jamais pressionar os braços contra o corpo, para não parecer inseguro e submisso logo de cara. Em vez disso, siga a seguinte fórmula: quanto maior a audiência, maiores poderão ser os seus movimentos de braços, para que os sinais cheguem a todos os integrantes do público [e, pág. 148]. Os gestos amplos poderão lhe parecer muito estranhos de início. Mas é evidente que, quanto mais você se convencer a empregá-los, mais naturais eles lhe parecerão, e você logo notará a diferença no efeito.

4. Enfrente a força da gravidade
Por puro hábito, nós tendemos aos movimentos descendentes. Deixamos os braços caírem porque é menos cansativo. Mas, infelizmente, o efeito sobre o público é negativo. Sendo assim, é necessário um pouco mais de trabalho muscular para transformar esses gestos "de descarte" em movimentos ascendentes. Execute os movimentos de mãos conscientemente de baixo para cima e mostre tranquilamente ao público as palmas das mãos abertas e voltadas para o alto [f, pág. 148], como se quisesse lhes dar algo. A reação das pessoas a isso é extremamente positiva.

5. Pulsos soltos
Quando empregar braços e mãos para gestos pequenos ou amplos, preste atenção nos pulsos. Com pulsos soltos ou dobrados, todos os gestos parecem mais fracos, e às vezes até um pouco ridículos. Por isso, para um efeito poderoso, os pulsos devem estar o mais estáveis possível.

6. E: treino, treino e mais treino
A mais importante regra para todo e qualquer uso da linguagem corporal: só a prática faz a perfeição. Quanto mais segurança você tiver para lidar com os sinais não verbais, melhor você se sentirá

diante do público e mais eficazes serão sua postura, seu gestual e sua expressão facial. Então encene e treine o quanto puder antes de cada palestra. E da mesma forma como se esforça para memorizar o melhor que pode o conteúdo de uma apresentação, você também deve trabalhar no seu desempenho. Pratique na frente do espelho, gravando com uma câmera, apresentando a colegas e amigos e em conversas comuns. O ser humano precisa de cerca de dois meses para reter novos padrões de comportamento. A não ser que você esteja entre as raras pessoas com talento nato para isso.

O melhor no final

Todo bom *show* pede um final grandioso – e o seu também. A vantagem é evidente: o que é apresentado por último ao público fica melhor gravado na memória. Sendo assim, eleve a expectativa ao ponto máximo, guardando o melhor para esse momento – exatamente a mensagem que os seus ouvintes devem levar consigo para casa.

Removido esse último obstáculo, você poderá saborear a melhor parte: os aplausos. Desfrute-os verdadeiramente, sem se esquivar. Afinal, você conquistou esse reconhecimento e não deve fugir do *feedback* do público. Posicione-se relaxadamente no centro do palco, faça uma leve reverência, sinalize com um gesto o seu enaltecimento aos ouvintes e agradeça-lhes, sobretudo, com um sorriso sincero [g, pág. 148]. Caso ainda haja o encerramento por parte de um apresentador, combinem previamente se devem cumprimentar-se ou não com um aperto de mão. O mesmo vale para a abertura. A impressão é sempre um pouco atrapalhada quando uma das mãos vai de encontro ao vazio.

Se houver uma rodada de perguntas planejada na sequência, você deve ser o primeiro a erguer a mão, dizendo: "Quem tem a primeira pergunta?" Se não houver reação do público, faça-se você mesmo uma pergunta seguindo o simples princípio: "Uma coisa que sempre me perguntam é..." Após responder sua própria questão, tente mais uma vez, pois as rodadas de perguntas muitas vezes precisam de um empurrãozinho oportuno. E se, pelo contrário, as perguntas parecerem não terminar nunca, use este truque simples: "E agora, quem tem a última pergunta?" Assim fica claro para todos: agora acabou.

O medo de holofotes ajuda no sucesso

Todos já sentimos alguma vez na própria pele, em maior ou menor intensidade: antes de uma prova, de uma entrevista de emprego, de uma competição, de uma reunião importante e, sobretudo, em palestras. Estamos falando do medo de holofotes, o pesadelo de todo orador. E quem não o associa imediatamente a tensão elevada, estresse e sintomas como coração disparado, irritabilidade, rubor, tremor, sensação de claustrofobia e falta de concentração? Na realidade cada pessoa reage de forma distinta ao medo de holofotes, e a maioria delas também tira vantagens do indesejado pico de nervosismo.

Um estimulante natural

O medo de holofotes tem origem no período pré-histórico, e não era nada mais que uma estratégia inconsciente de sobrevivência. Com a "reação de alarme de Cannon" – como o medo de holofotes é conhecido na linguagem técnica – o corpo se prepara automática e inconscientemente para lutar ou para fugir. Nós preservamos esse instinto ancestral até hoje, embora agora raramente sejamos expostos a situações realmente de vida ou morte. Mas o tempo todo enfrentamos circunstâncias que nos causam medo. Por exemplo de fazer papel de ridículo por qualquer razão diante de muitas pessoas: um temor que está bem no topo do *ranking* de medos da maioria das pessoas. Por isso também não surpreende que as palestras possam desencadear esse pavor. Afinal, o público é que decide se uma apresentação foi boa ou não. E praticamente qualquer orador teme essa sentença, colocando-se sob grande pressão.

Sendo assim, o medo de holofotes é absolutamente normal, mas manifesta-se em inúmeras variantes. E a percepção da situação tem papel importante nisso. Um gerente de departamento de uma grande empresa, por exemplo, que se apresenta com frequência diante dos colegas, percebe esse contexto como relativamente normal, e é bem provável que sequer fique nervoso. Mas se precisar fazer uma apresentação para a diretoria, sua curva de medo certamente subirá.

Independentemente da força do seu medo de holofotes, é preciso sempre ter uma coisa em mente: trata-se de um medo irreal sem qualquer justificativa concreta. Mesmo assim, precisamos enfrentá-lo e tentar vencê-lo. Uma dica: quanto mais você encarar o medo de frente, mais confiante se tornará. Porque toda vez reconhecerá com clareza que não há nada acontecendo e que seu temor é totalmente infundado.

Você terá alcançado o nível ideal quando restar um pequeno vestígio de nervosismo antes de apresentações e palestras, pois o medo de holofotes é um verdadeiro estimulante que eleva o próprio nível de atenção e, com isso, a qualidade da palestra.

> **Encarando o medo de forma positiva**
>
> Em seu livro *O conceito de angústia*, o filósofo dinamarquês Søren Kierkegaard afirma: "O medo não só paralisa, como também guarda a possibilidade infinita de poder, que constitui a força motriz do desenvolvimento humano".

30 dicas contra o medo de holofotes

Não há uma solução definitiva contra o medo do palco. Existem, porém, inúmeros métodos, exercícios e dicas para reduzir o nervosismo a um nível suportável e dominar com soberania o medo de holofotes. Tenha em mente: preparar-se bem mantém o medo de holofotes sob controle e transmite segurança, a base ideal para uma apresentação autoconfiante. Então vale a pena investir o máximo de tempo possível nisso. Adicionalmente, é possível usar as dicas a seguir para traçar a melhor estratégia para você.

A dádiva do frio na barriga

Admito: sinto um frio na barriga e aquele nó na garganta antes de cada palestra – mesmo que já tenha feito inúmeras antes. Mas sou grata por isso, já que assim percebo que se trata de algo realmente importante para mim. E quanto mais importante uma coisa é para nós, mais motivação temos para dar o nosso melhor. Por isso, aceite o medo de holofotes como um sinal positivo e uma dádiva valiosa.

É permitido colar

Finalmente podemos colar sem peso na consciência. Uma folha de palavras-chave com os tópicos mais importantes (no máximo do tamanho de um sulfite A5), mesmo que desnecessária, lhe transmitirá segurança. Aliás, o mais apropriado é usar fichas de cartão, que devido ao papel mais firme não deixam tão visível um eventual tremor.

Nervosismo que mais ninguém nota

Você sente os joelhos moles, o nó na garganta, as mãos formigando e as bochechas quentes e tem absoluta certeza de que os sinais do seu nervosismo não passam desapercebidos a ninguém. Engano seu. Do seu "enorme" nervoso, o público geralmente só nota a oitava parte – se é que percebe. Quando nos sentimos vermelhos como um tomate, geralmente pode não ser nada mais que um rubor saudável nas faces.

Chegue cedo o bastante

Para entrar tranquilamente em cena, é necessário engatar uma marcha mais lenta algum tempo antes, em vez de correr para o palco no último minuto. O ideal é estar no local 60 minutos antes da sua apresentação. Familiarize-se com a sala e prepare o restante conforme imaginou.

Respire fundo

A respiração consciente é um dos métodos mais rápidos e eficazes para baixar a própria pulsação e, assim, combater o nervosismo. Importante: inspire pelo nariz e expire pela boca. Conte aproximadamente até oito ao inspirar e também ao expirar.

Balançar acalma

O método que funciona para bebês também é bom para os adultos se acalmarem: balançar-se lentamente de um lado para o outro ou de frente para trás. Um minuto já é suficiente para sentir o efeito relaxante.

Rituais causam segurança

Rituais e hábitos recorrentes dão a sensação automática de segurança. Crie, portanto, os seus próprios rituais pessoais: um banho de banheira demorado na noite anterior, ouvir determinada música um pouco antes, um acessório da sorte que o acompanha em todas as apresentações. Use sua imaginação!

Dica secreta: cura líquida

Beba um grande copo de água morna pouco antes da apresentação. Ela acalma o estômago e os nervos. E você não precisará ir ao banheiro por isso.

Música para os ouvidos

Nada é capaz de evocar tantas emoções tão rápido quanto a música. Tire proveito desse efeito e ouça antes da palestra as músicas que levantam o seu humor. Escolha canções que você associa a momentos felizes. E o melhor é cantar junto com força – isso também relaxa as cordas vocais.

Exercícios contra a tensão

Além do nervosismo psicológico, o medo de holofotes também provoca tensão corporal. Por isso, é imprescindível relaxar o corpo antes de começar. Gire a cabeça [a], levante e solte a região dos ombros, balance os braços [b], gire o tronco e massageie com suavidade e cuidado a musculatura do rosto.

O sucesso diante dos olhos

Quanto mais concreta é a nossa capacidade de imaginar uma situação antes de ela acontecer, melhor sabemos o que nos espera, sem precisar temer surpresas desagradáveis. Para isso, use o seu "cinema mental" (pág. 42) e visualize-se detalhadamente subindo no palco, cumprimentando os ouvintes com um

a Exercícios de relaxamento ajudam a soltar o corpo, como girar o pescoço...

b ...ou balançar os braços com ritmo lateralmente.

sorriso e um gesto positivo, iniciando a apresentação de forma cativante e prosseguindo nela com confiança e sem perder o fio da meada. E imagine também seus merecidos aplausos no final. Quanto mais realista a sua visão disso tudo, melhor.

Libere o excesso de energia

O nervosismo pode tanto nos deixar letárgicos como verdadeiramente hiperativos. Para não subir ao palco como se tivesse tomado café demais, antes é preciso liberar o excesso de energia. O melhor é dar mais uma volta no quarteirão ou fazer dez agachamentos e alongar o corpo. Assim você fica um pouco menos carregado de energia e, graças ao oxigênio e ao movimento, também prepara corpo e mente.

Visualize o público que deseja

Faça uma imagem mental concreta não só da sua palestra, mas também dos seus ouvintes. Imagine o público dos seus sonhos, que acompanha sua fala com interesse e a vivencia como instigante, informativa e prazerosa. Quanto melhor você reter essa imagem na mente, menores serão as suas chances de enxergar o seu público real não exatamente assim.

Uma voz sonora

Sua voz é trêmula? Então cuide dela: tussa vigorosamente, tome um gole d'água e cantarole uma canção de boca fechada, com a água na boca. Quanto mais tempo melhor.

Nudez engraçada

Esse velho e conhecido truque dos tempos de escola e provas funciona até hoje. Imagine o seu público nu. O resultado: você deixa de se sentir como o único "vulnerável". Além disso, tudo que nos diverte também tem efeito relaxante imediato.

A última olhada no espelho

Muitos oradores perdem a concentração por se preocuparem demais com a aparência. Por isso, olhe-se rapidamente no espelho uma última vez antes de entrar para ter certeza de que está tudo em perfeita ordem. Mas a partir de então, concentre-se na sua apresentação.

Truque rápido de relaxamento

Contraia o corpo todo com força por dez segundos, depois o relaxe novamente. Repita dez vezes esse exercício e a sensação de descontração será clara.

Rostos amigáveis

Principalmente para o início, escolha ouvintes com ares positivos para estabelecer e manter contato visual. Isso transmite segurança extra e energia adicional.

Estabeleça contato

Quanto mais conhecida e familiar uma coisa é para nós, menos ela nos provoca medo. Por isso, conheça o seu público antes da apresentação. Bata papo com um ou outro ouvinte e convença-se de que são apenas pessoas normais. Ademais, os ouvintes também costumam apreciar quando o orador lhes dedica algum tempo antes da palestra.

Vai uma onda de felicidade?

A serotonina, que é um hormônio da felicidade, pode ser muito útil para uma apresentação. Por isso, coma uma banana, um chocolate, nozes ou castanhas antes da palestra. Eles acalmam e propiciam bem-estar.

Barriga cheia, apresentação feia

Porém, não se deve comer muito antes de uma palestra. Você precisa, afinal, de energia para a cabeça, não para a digestão.

Nada de rodelas de suor!

Nem sempre é possível evitar o suor – sobretudo quando estamos nervosos. Ele não precisa, todavia, ser perceptível para todo e qualquer um. Por isso, evite cores como rosa, bege, azul-claro, cinza ou verde, já que nelas as manchas de suor ficam imediatamente visíveis. Em vez disso, vista uma camisa ou blusa branca e um terno ou *tailleur* em tons escuros e sóbrios.

Ative memórias positivas

Para programar-se positivamente antes da apresentação, busque na memória uma experiência que lhe inspire e provoque sentimentos positivos. Relembre-a em detalhes e a reviva mais uma vez na mente: O que você viu, ouviu, sentiu, cheirou, experimentou? Quanto melhor você trabalhar essa memória, menores serão as chances de perder a cabeça por causa da sua palestra.

Imagine o horror

Paradoxalmente, para algumas pessoas a programação inversa também dá resultados. Tente imaginar o melhor que puder o pior cenário que poderia acontecer: você se atrapalhando todo, tropeçando ou com a folha de anotações escapando das suas mãos. Quanto mais você se confrontar com essa situação tão improvável de horror, menor será o seu medo concreto de que ela ocorra.

Administre os brancos

Mesmo com os preparativos perfeitos e diferentes estratégias para relaxar, pode acontecer de sua cabeça lhe pregar uma peça e sabotar sua palestra com um pequeno branco. Ainda assim, isso não é motivo para pânico, pois se você não deixar transparecer nada, o público sequer saberá do seu lapso. O melhor truque para prosseguir com fluência: repita a última frase, que, além disso, pode funcionar como recurso retórico. Ou faça uma pergunta para ganhar tempo. Contudo, a solução mais simples também é totalmente legítima: consulte a sua folha de anotações, pois ninguém conta que você saiba tudo de cor.

O autoelogio não é problema

Além de adotar conselhos dos outros e ouvir suas opiniões, também podemos influenciar positivamente a nós mesmos, convencendo-nos das nossas virtudes. Procure um local adequado e fale consigo em voz alta. Você verá que essa automotivação faz milagres. Frases muitos simples já bastam, como: "eu sou bom", "eu estou ótimo", "estou totalmente calmo", "vou conseguir", "mal posso esperar pelos aplausos".

Pratique com recursos audiovisuais

Quando estiver ensaiando para a palestra, grave em vídeo, se possível. Assistir será muito esclarecedor, e também viabiliza pedir *feedback* de colegas e amigos ainda antes da apresentação.

Você não está sozinho

Quando tiver medo de holofotes, não se esqueça: tenha certeza absoluta de que não é o único do planeta com esse problema. Muito pelo contrário: mesmo os profissionais do palco muitas vezes convivem a vida toda com o nervosismo e até gostam de contar a respeito. O medo do palco é uma emoção natural.

O amuleto

Mesmo que ninguém goste de admitir: quase todo mundo tem um pequeno talismã que precisa ter consigo em situações importantes. Qualquer coisa que lhe transmita bem-estar e segurança é expressamente permitida. Uma pequena dica: guarde também um amuleto reserva em outra bolsa – para o caso de trocar de bolsa e esquecê-lo dentro.

Para a apresentação ser perfeita

Eventos empresariais, congressos, encontros de funcionários, festas de Natal – quase todos seguem o seguinte padrão: os ouvintes lutam contra seu cansaço e/ou tédio e esperam ansiosamente pelo fim da fala, para finalmente poderem partir para a parte agradável – para o bufê ou o papo com os colegas no bar. Os aplausos obrigatórios para o orador geralmente são pura expressão da alegria de finalmente concluir a parte obrigatória e poder começar o lazer.

Precisa mesmo ser sempre assim? Será que não é mesmo possível fazer discursos que despertem interesse e divirtam ou até empolguem o público? Sim, é possível – basta tomar a peito o seguinte fundamento: palestrar não significa ler em voz alta, mas apresentar o tema e a si mesmo de forma ativa. Pois mais de 80% de uma apresentação consiste na linguagem corporal: ou seja, expressão facial, voz e gestual. E assim você impressionará os seus ouvintes.

O início sempre empolga

Todo começo de apresentação ou discurso deve imediatamente despertar vontade de ouvir mais – ser um aperitivo, assim por dizer, incitando a sede de saber. Por isso, dê grande valor ao começo. Se o julgamento dos seus ouvintes a seu respeito for positivo logo de início, eles buscarão indícios positivos no desenvolvimento seguinte para confirmar suas expectativas. E encontrarão. Mas se, pelo contrário, a primeira impressão for negativa, os espectadores procurarão inconscientemente por indícios negativos, e também os acharão. Um bom começo que não dê sono logo de cara pode ser alcançado estabelecendo uma relação com o público e introduzindo o tema de forma interessante (cf. pág. 159). Feito isso, você poderá apresentar o que realmente importa.

A estrutura mágica

Para que sua apresentação não só dê certo como também desperte amplo interesse, convém estruturar o melhor possível a parte principal. Divida suas informações em no máximo quatro blocos, ou seja, em categorias. Por quê? Descobertas científicas apontam que existe um número mágico: via de regra, uma pessoa é capaz de gravar no máximo cinco unidades informativas (com margem de duas para mais ou para menos). Por isso, quatro categorias são mais que suficientes e adequadas para um discurso.

A curva de interesse deve ser a seguinte: à introdução se segue um bloco cativante, ao qual você emenda outro menos interessante e, a seguir, o menos cativante de todos. Esse terceiro bloco deve ser aquele que podemos deixar de lado em caso de emergência, pois a experiência diz que o tempo disponibilizado não é suficiente na maioria dos casos. Concentre-se, porém, na quarta unidade de informação. Esta parte deve receber muita atenção e ser a mais interessante, para elevar novamente o grau de empolgação pouco antes do término (pág. 150).

O que não dizer na abertura

A maioria dos oradores já erra o alvo logo na primeira frase.

› "É uma grande satisfação tê-los todos aqui" é provavelmente a frase mais tediosa no mundo, hoje em dia sabidamente contraindicada; porém, teima em continuar sendo o padrão para iniciar uma palestra.

› Igualmente ultrapassado: "Primeiro gostaria de agradecer sinceramente por esta chance de palestrar aqui". Com essa abertura, você se diminui como palestrante sem necessidade e assume uma legítima postura de pedinte. O ideal na verdade é o contrário.

› "Antes de começar esta palestra, gostaria de cumprimentar os seguintes convidados e agradecer..." Sonífero nenhum funciona melhor que essa frase, cujo efeito é um só: que desde o primeiro momento o público vire a chave da atenção para a posição *off*.

› "Na verdade não pude me preparar bem e espero não entediá-los tanto assim, mas..." Qual espectador contaria com uma apresentação interessante e empolgante depois desse começo? Isso mesmo – absolutamente nenhum. Pois uma variante suicida como essa não instiga qualquer tolerância no público – somente o estimula a especular, consciente ou inconscientemente, sobre os erros e imperfeições.

Como conquistar o público

Faça uma pergunta (retórica). Um começo muito eficaz que intima os espectadores a pensarem junto logo de cara. Por exemplo: "O que nós esperamos de ..., afinal?"; ou: "Imagine que a partir de amanhã ninguém possa mais mentir. Quais seriam os efeitos disso?" Quanto mais insólita a pergunta, ou quanto mais ela disser respeito à situação do próprio público, maior será a atenção de cada um dos ouvintes. Muito importante: depois de fazer a pergunta, respire fundo, dê aos ouvintes algum tempo para pensar e só então responda o questionamento feito para si próprio.

Ou então desconcerte o público com uma afirmação surpreendente, com informações estranhas ou fatos espantosos. Um clássico bastante popular é a citação histórica de 1977 do fundador de uma empresa norte-americana de computadores: "Não há razão para alguém querer ter um computador em casa".

Ou conte uma piada – o começo perfeito. Porém, é preciso ter certeza de que 80% dos presentes acharão a piada realmente engraçada. Quem consegue fazer os ouvintes rirem logo de início cria uma sensação de bem-estar em todos os participantes – a base ideal para um desempenho de sucesso.

Encantando sem dificuldades

É evidente que a estrutura da apresentação não lhe brindará sozinha com o sucesso: o recheio também importa. Uma boa constituição é a base ideal para uma dramaturgia empolgante, mas os conteúdos em si também precisam ser transmitidos de forma tão interessante e contagiante a ponto de hipnotizar os ouvintes. Para isso também existem alguns modelos de retórica com garantia de sucesso.

› Busque respaldo teórico de especialistas e mencione estatísticas irrefutáveis e provas científicas ou exiba gráficos para fundamentar suas teses.

› Fatos complexos podem ser maravilhosamente explicados por meio de analogias, de forma a gerar uma imagem concreta na mente dos ouvintes.
› Utilize o método do "tente imaginar" para propor tarefas mentais aos espectadores.
› Esboce um pequeno histórico de desenvolvimento com base no método PPF: P de passado, P de presente e F de futuro. O método é perfeitamente adequado para dizer algumas palavras sobre determinado conteúdo, de acordo com o lema: como era antes, como é agora e o que virá no futuro?

Guia rápido para uma fala de sucesso

Falar em público é algo que se aprende ou ao menos se treina. Não é por acaso que há uma ampla oferta de cursos a respeito. Os pontos a seguir são os melhores requisitos para discursos de sucesso:

1. *Brainstorming*:
Reúna sem censuras todos os pontos possíveis sobre o tema.

2. Mensagem:
Elabore sua mensagem principal. O que você deseja comunicar ao público? Uma frase já é suficiente.

3. Ilustrações:
Use tantas anedotas, analogias, estatísticas e encadeamentos argumentativos quanto puder para transmitir seu conteúdo. Crie imagens na cabeça das pessoas. O seu público precisa de "pontes"

para conseguir guardar as informações. Números, dados e fatos não ficam gravados sozinhos – a não ser que se apresentem como imagens. Você próprio memorizará os conteúdos que apresenta com bem mais facilidade por meio de representações ilustrativas.

4. O começo no fim:
Se a sua fala for boa, certamente algumas ideias empolgantes de como começá-la surgirão ao longo do seu processo de elaboração.

5. O final:
Tendo as palavras de encerramento na cabeça, você não se confundirá. O que você disser para concluir ficará na mente dos ouvintes. Pode ser um apelo, uma exortação, um resumo ou uma citação. Simples, mas com uma pitada de inteligência e sagacidade.

6. Direto e reto:
Não utilize, em hipótese alguma, anotações muito abrangentes. Em vez disso, concentre-se no principal e extraia a essência da sua palestra em poucas palavras-chave que devem ser escritas em cartões. Fale o mais livremente que puder.

7. Treine, treine e treine:
Para ter o conteúdo preparado na forma de palavras-chave, é preciso ensaiar a execução completa pelo menos uma vez – e corretamente. Então apresente para si mesmo ou para alguém da maneira como faria na realidade. Recitar tudo apenas mentalmente não resolve, pois pensar e falar são coisas diferentes. Quanto mais praticar, melhor, pois cada ensaio o deixará mais seguro. Importante: corrija imediatamente no teste todas as passagens que não lhe parecerem tão fluentes.

A tecnologia PowerPoint

Nem sempre os ouvintes se entusiasmam com apresentações de PowerPoint. Para não cair na armadilha do PowerPoint, é preciso considerar as seguintes regras:

› A estrela do evento é você: os *slides* devem apenas servir de apoio.

› Evite "queimadores de atenção". A capacidade de absorção do público é limitada. Por isso, restrinja a quantidade de *slides*. Nada de efeitos de animação nem de frases-monstro.

› Cada slide precisa ser compreensível à primeira vista. Trabalhe com imagens grandes e apelativas, letra grande e palavras-chave expressivas.

› Não segure nenhuma caneta, comum ou *laser* (para apontar para os *slides*). Você precisa das mãos sempre livres para gestos de reforço.

› Evite ficar na frente da luz do projetor. Isso é incômodo para você e também para os espectadores. O botão mais precioso para todo apresentador é o "black", de apagar a tela.

› Jamais confie exclusivamente na tecnologia. Tenha sempre a postos uma estratégia de emergência.

Linguagem corporal nas vendas

Todo diálogo de venda ou negociação se assemelha a uma partida de xadrez. Ambos os participantes seguem determinada estratégia e agem jogada por jogada. Isso quer dizer: só quando o adversário avança em certa direção o outro pode reagir da melhor forma para decidir a partida a seu favor. O mesmo ocorre na vida profissional. Nela também ninguém revela de antemão a sua estratégia completa. Aguardamos a tática de venda do outro e então adequamos nossa própria forma de agir. As peças principais desse jogo incluem argumentos contundentes para convencer o interlocutor na negociação e ofertas que, no cenário ideal, ele não seja capaz de recusar. Mas isso geralmente não basta para realmente entusiasmar. A maneira como algo é apresentado tem quase a mesma importância para um resultado satisfatório. Tanto faz se em negociações com parceiros, prestadores de serviços e contratantes ou em diálogos de vendas com clientes: a forma como alguém se comporta nessas conversas, os sinais não verbais que envia e os indícios que reconhece no seu interlocutor são fatores que podem decidir se a negociação terminará em sucesso ou fracasso. E um parceiro confiável e convincente também é bem lembrado para potenciais futuras negociações de venda.

Evidentemente, também valem para este capítulo todos os aspectos relacionados a gestual e expressão facial mencionados em "Linguagem corporal em apresentações" (a partir da pág. 142) e "Linguagem corporal dos líderes de sucesso" (a partir da pág. 166).

O *como* vende *o quê*

Do ponto de vista da psicologia das vendas, o sucesso de um vendedor depende não só do produto que ele oferece, mas também da sua impressão pessoal causada no cliente. Postura corporal, movimentos, expressão facial, gestual, fala, contato visual e vestuário devem ser harmônicos entre si. Para realmente convencer, também é necessária nos diálogos de vendas uma presença soberana com linguagem corporal persuasiva: autoconfiante, decidida, enérgica, focada no sucesso. Além disso, quem também conta com certo grau de empatia (pág. 78) e sabe interpretar corretamente os sinais de clientes, parceiros de negócios, colegas e superiores tem vantagem clara em vendas e negociações. Essas competências comportamentais, chamadas de *soft skills*, passaram a ter papel decisivo para se manter na dianteira na vida profissional.

Por isso a psicologia é tão importante nas vendas: porque as decisões são tomadas sobretudo emocionalmente, pois cada vez menos produtos concorrem devido à qualidade e ao preço. O que faz a diferença são fatores externos ao produto: confiança, credibilidade, simpatia e cumprimento das expectativas.

O aspecto do tempo também não deve ser negligenciado. Estudos demonstraram que só temos a atenção completa de um cliente ou parceiro de negociação por cerca de 20 minutos. A partir de então a curva de concentração cai continuamente. Sendo assim, é preciso "prender" o seu interlocutor na negociação desde o início, despertar seu interesse e acessá-lo no nível emocional, que na teoria clássica da comunicação é chamado de "nível de relacionamento". Ele é o principal requisito para o sucesso do negócio.

Trabalhe como um detetive

A alma de uma negociação ou venda bem-sucedida é o diálogo satisfatório no nível verbal e não verbal. Ele inclui a técnica das perguntas abertas, para sinalizar claramente interesse e descobrir mais sobre o que o interlocutor deseja. Por essa razão, a principal regra é ouvir! Pois só depois de informado sobre as razões e necessidades do outro você poderá reagir da melhor forma, criando um recurso valioso de conexão com o cliente.

Aposte em estímulos-chave

Depois de descobrir qual necessidade ou motivação de compra move o interessado, você poderá apresentar o produto com estímulos-chave direcionados. 70% de todos os julgamentos feitos no diálogo de vendas ocorrem no subconsciente, influenciados por estímulos-chave. Os estímulos-chave não são fatos e dados objetivos, mas sinais emocionais. Eles abrangem todas as impressões sensoriais como sons, imagens, odores e sensações do tato e do paladar. Estas se comunicam diretamente com o sistema límbico no cérebro, que é responsável pela avaliação de produtos, serviços e pessoas e cumpre função decisiva nos processos de compra. Processos esses que transcorrem de forma totalmente inconsciente, mesmo que na maioria das vezes estejamos convencidos de tomar decisões puramente objetivas e racionais. Ledo engano!

Programe-se para o sucesso

Para influenciar positivamente um diálogo de venda ou uma negociação, devemos ter sempre a postura correspondente: ou seja, querer realmente o sucesso. Só programando-se mentalmente para o êxito é que ele virá. Concretamente, isso significa: inicie o diálogo de venda com positividade e otimismo. Antecipe a satisfação de uma boa relação com o cliente e um final bem-sucedido. Só assim você também irradiará a autoconfiança e a segurança necessárias para convencer com seu produto. Isso o fará ser competente. Pressupõe, porém, simpatia sincera em relação ao seu interlocutor de negociação. Tente conquistá-lo. A forma mais simples é dar bom exemplo primeiro e manifestar exatamente a simpatia por ele que você deseja conquistar.

Como marcar pontos em diálogos de vendas

Antes de qualquer diálogo de vendas ou negociação, reflita sobre qual postura interna você deseja manter ao longo dele. Esteja atento para não perder suas metas de vista. Reaja com flexibilidade aos sinais de *status* (pág. 164), que são as bases para uma comunicação satisfatória. Quer estabelecer uma boa conexão de confiança? Então saiba criar um ambiente positivo. Trate seu interlocutor como um parceiro de igual valor, pelo qual você manifesta sua confiança e prontidão para uma boa colaboração. As seguintes medidas fazem efeito:

Mantenha-se ereto e estável

Uma postura ereta e firmeza ao manter-se em pé são os mais nítidos sinais de competência e segurança. Trabalhe sistematicamente neles:
› abra o peito e puxe os ombros levemente para trás. Apoie-se firmemente sobre ambas as pernas, abertas na largura dos quadris (cf. box da pág. 41).
› Posicione a cabeça como se nela houvesse uma coroa. Dessa maneira não mantemos o queixo e o nariz erguidos demais.
› Respeite o território do seu interlocutor – a distância mínima adequada são 70 centímetros. Caso conversem por mais tempo em pé, posicione-se em ângulo reto em relação a ele. Assim você chega mais perto sem que ele se sinta ameaçado.
› Deixe os braços penderem lateralmente ao corpo ou apoie as mãos relaxadamente na altura da cintura, uma encaixada na outra. Nessa postura elas ficam prontas para ser usadas a qualquer instante caso você precise agir ou demonstrar algo.

Um rosto amigável faz milagres

Para classificar uma pessoa como simpática ou antipática, nosso olhar dirige-se primeiro ao seu rosto. Por isso, esteja atento para transmitir uma expressão facial positiva e aberta. Mas atenção: sorrisos forçados parecem artificiais, porque

os olhos não participam. No sorriso autêntico surgem ruguinhas em torno dos olhos, e as sobrancelhas baixam levemente. Para sorrir com sinceridade, concentre-se nos aspectos positivos da conversa:
› alegre-se por conhecer a pessoa em questão, pois ela pode ser um contato interessante (como para *networking*, a partir da pág. 104) e um posterior cliente.
› Quando o parceiro de negociação demonstrar que está orgulhoso de algo, compartilhe visivelmente da sua alegria.
› Mostre sua gratidão pelo tempo dedicado ou pela permissão para lhe fazer uma oferta.
› Dê atenção completa ao seu interlocutor. Presença é a palavra mágica em qualquer diálogo de venda.

Deixe suas mãos falarem

Existem mais conexões do cérebro com as mãos do que com qualquer outra parte do corpo. Por isso, os gestos com as mãos ressaltam ao máximo o que dizemos. Em pessoas de temperamento forte, um gestual pronunciado também tem efeito natural, enquanto indivíduos introvertidos gesticulam com menor intensidade por natureza. O melhor é deixar suas mãos falarem como você faria se não estivesse pensando nisso. E alguns gestos devem ser evitados:
› Mãos ocultas têm efeito negativo. Com as mãos nos bolsos da calça você sinaliza indiferença. E mãos encobertas atrás do corpo ou sob a mesa fazem parecer que você tem algo a esconder.
› Gestos abaixo da cintura sinalizam indiferença – "não estou disposto a gastar energia por você" – ou insegurança. O

> **Atributos reveladores**
> Quando alguém não é sincero, muitas vezes podemos reconhecer por suas características paralinguísticas – ou seja, pelos atributos usuais da voz e pelo comportamento da fala. O tom, o volume, o ritmo ou a velocidade da fala se alteram, por exemplo. Às vezes com muita clareza, e de forma perceptível para qualquer um.

mesmo vale para gestos com os braços executados de cima para baixo. Assim você parece querer jogar algo fora.
› Não aponte com o dedo ou com a caneta para o interlocutor. Gestos como esses são pouco educados e parecem dominadores ou ameaçadores.
› O contrário é positivo: palmas das mãos voltadas para cima sinalizam que você está pronto e disposto a oferecer algo, mas também a receber.

Mexa-se com autenticidade

Suas palavras, sua postura, seu gestual e sua expressão facial devem sempre corresponder ao seu temperamento e a quem você é. Não tente fingir – mantenha-se fiel a si próprio, pois assim você parece simpático e digno de confiança. Igualmente importante é estar convencido do que está fazendo ou vendendo. Só assim é possível ser convincente e inspirador. O motivo: seus pensamentos, gestual e expressão facial são indissociáveis. Em outras palavras: está literalmente escrito na sua cara o que você está pensando na verdade.

Visão do próprio *status* – um pequeno recurso para o sucesso

Quem tem autoridade também demonstra por sua linguagem corporal, e faz com que seu *status* seja percebido por meio de uma porção de detalhes invisíveis. Nas negociações, a atitude de *status* é um indicador do posicionamento que os participantes têm um em relação ao outro.

Fácil de decifrar

Pessoas que se julgam de *status* mais elevado...
› ocupam muito espaço: postura em pé larga, dois pés firmes no chão;
› elevam levemente o queixo e olham de cima para baixo, querem ter o panorama de tudo;
› buscam nitidamente menos contato visual ativo com indivíduos de *status* mais baixo;
› mostram-se "grandes";
› frequentemente mantêm ambas as mãos nos bolsos da calça;
› fincam as mãos nos quadris;
› gesticulam com gestos claros e dinâmicos;
› falam com voz firme;
› andam com autoconfiança: passos largos, presença firme;
› sentam-se à mesa em lugar de destaque: de costas para a parede e olhando para a porta, na cabeceira da mesa ou em uma cadeira especial, com braços, por exemplo;
› ocupam bem o espaço da cadeira e apoiam os braços sobre a mesa;
› recostam-se na cadeira com mais frequência e olham muitos fatos mais à distância, aparentando total falta de envolvimento;
› ocupam mais espaço na mesa;
› andam sempre um passo à frente.

Pessoas de *status* mais baixo...
› tendem a se fazer de pequenas: ocupam pouco espaço quando em pé, muitas vezes param em uma só perna;
› olham de baixo para cima com frequência;
› mantêm contato visual frequente com indivíduos de *status* mais elevado;
› entrelaçam os braços na frente ou atrás do corpo;
› gesticulam com movimentos menores de braços, muitas vezes apenas insinuados;
› mostram com frequência um sorriso inseguro de "inocência";
› andam comumente um passo atrás;
› baixam mais a cabeça;
› deixam o tronco cair quando em pé e sentados;
› assumem postura mais estreita quando sentados, mostram-se vulneráveis;
› tendem a falar mais baixo e com voz mais fraca.

Sinais nítidos de poder

Além dos sinais não verbais que refletem o *status* que pensamos ter, existem diferentes variantes de sinais de poder da linguagem corporal que evidenciam como alguém interpreta as relações de força que há entre si e o seu interlocutor.

Os exemplos a seguir são sinais de *status* ou poder que podem indicar que alguém se sente mais poderoso e também deseja demonstrá-lo. Se ele realmente é, é algo que só se descobre mais tarde. Pois a distinção entre isso e a falta de cortesia às vezes é tênue:

› Seu interlocutor faz você esperar, abre mão do contato visual e prossegue intencionalmente com o trabalho.
› Cumprimenta sem apertar sua mão ou com um aperto forte demais; a mão dele força a sua para baixo.
› Com contato visual fixo, deseja intimidá-lo emocionalmente e irritá-lo. E ainda assim lhe dá um sorriso (de superioridade).
› Cumprimenta-lhe fazendo um gesto de mão que aponta o seu lugar, que é desconfortável (de frente para uma luz forte, por exemplo).
› Faz gestos muito espaçosos e recorre a movimentos amplos com as mãos.
› Sua postura corporal é muito encaixada e cheia de energia.
› A nuca parece muito rígida, o olhar é severo e penetrante.
› Dá um sorriso cínico enquanto você fala, com apenas um canto da boca elevado.
› Insiste em se manter atrás da própria mesa durante a conversa, mesmo havendo uma mesa de reunião na sala.
› Geralmente demonstra postura larga. Ocupa mais da metade dos braços da poltrona (no avião) e da mesa (às refeições).
› Enquanto você fala, olha intencionalmente em outra direção ou faz outras coisas (como folhear a agenda ou mexer no computador).
› Invade o seu território por cima da mesa.

› Gosta de usar o indicador em riste, os óculos ou a caneta para apontar para você, como uma espécie de arma.
› Levanta-se de repente no meio da conversa e inicia um monólogo "de cima".
› Tenta pressioná-lo para ser breve olhando nitidamente para o relógio.
› Dá batidas ostensivas nos seus ombros ou pega no seu braço, caso você seja mulher.

Treino gestual rápido para negociações de sucesso

› Não esconda as mãos nos bolsos da calça nem atrás do corpo. Não cruze os braços.

› Mãos longe do rosto! Coçar os cantos da boca, esfregar a orelha, friccionar os olhos e até tocar o nariz despertam dúvidas no interlocutor sobre a sua sinceridade.

› Também é desfavorável brincar constantemente com objetos ou ficar mexendo nos botões dos punhos ou nas mangas das blusa.

› Esticar o indicador lembrando uma pistola, ou os dedos indicador e médio, é indício de rejeição e causa efeito negativo.

› Ao entrelaçar as mãos levantando os dedos (gesto do ouriço) em um diálogo importante, o interlocutor sinaliza sua reprovação.

› Toques leves no antebraço podem despertar simpatia. Mas atenção: superiores na hierarquia podem tocar subordinados, mas não o contrário.

Linguagem corporal dos líderes de sucesso

Não é nada fácil definir as competências necessárias para os líderes. É claro que fatores como certo grau de autoridade, princípios sólidos, capacidade de se impor, confiabilidade e procedimento consequente são importantes para os chefes que querem ser levados a sério. Mas essas competências técnicas (*hard skills*) não são tudo. Pois só quem também marca pontos nos aspectos "*soft*" (pessoais) como empatia, inteligência social e emocional e espírito de equipe consegue avançar na liga dos campeões em liderança. Para isso, um grande talento comunicativo está entre os requisitos decisivos nos dois âmbitos. Pois quem é capaz de se expressar certo em qualquer situação consegue levar sua mensagem aos seus funcionários. Além de talentos retóricos, isso exige o emprego ideal da linguagem corporal. Afinal, via de regra, é justamente para os líderes que a presença decide se são ou não vistos como simpáticos, competentes e convincentes. É aí que fica claro quem realmente tem talento para liderar. O motivo: na linguagem corporal, que é bem menos controlável que a língua em si, é nitidamente mais difícil encontrar o "tom certo" para convencer e liderar. Por isso não surpreende que os líderes de sucesso falem uma linguagem corporal bastante específica. Uma agência internacional de relações públicas fez uma constatação interessante: quando a reputação pessoal de um gestor aumenta 10%, o valor da sua empresa na bolsa de valores sobe 24%.

Os líderes de hoje – uma "marca"

Por anos a fio, celebrações de Natal, lançamentos de produtos, eventos de clientes ou de início de ano e encontros de acionistas foram, tanto para funcionários quanto para clientes, imprensa e acionistas, ocasiões regulares para celebrar o tédio coletivo. Nelas os líderes das empresas, em posição de destaque, mostravam-se pessoas severas e sérias: uma descrição que felizmente tornou-se ultrapassada. Hoje essas ocasiões representam bem mais: são palco para as celebridades do mundo da liderança – com destaque para suas personalidades. Os encontros tediosos tornaram-se eventos de alto nível. Os funcionários já não precisam mais temer os PowerPoints intermináveis, e o emaranhado de gráficos e números deixou de ter destaque – que agora cabe só ao CEO, às suas histórias e ao seu desempenho. O *Chief Executive Officer* tornou-se "*Chief Entertainment Officer*". Isso não quer dizer que seja necessário metamorfosear-se em uma estrela de Hollywood. Trata-se bem mais de saber identificar seus pontos fortes pessoais e saber externá-los. Antes, contudo, todos os líderes de destaque devem refletir sinceramente se a sua marca pessoal está em conformidade com os valores da empresa – pois ninguém transmite tanto os valores dela quanto a pessoa que está no topo. Mais recentemente a capacidade de provocar um efeito substituiu a competência técnica como parâmetro de qualidade para os líderes-personalidades, abrindo caminho para uma nova geração.

Capacidade de efeito – um fator decisivo

Antes eram principalmente os produtos e empresas os portadores de um nome, que os representava simbolicamente e raramente estava associado à imagem pública de determinada pessoa. Hoje em dia é bem mais frequente haver um nome ou uma imagem – ou uma pessoa – que representa uma empresa e o que ela oferece. Da mesma maneira, no passado os políticos e tomadores de decisão tinham a possibilidade de se recolher para discutir decisões importantes ou até desenvolver processos e estratégias. Os dias de hoje geralmente demandam ação rápida. Quer dizer: decisões precisam ser tomadas em pouco tempo e comunicadas de forma soberana. Uma tarefa que cabe àqueles que estão no topo, que não apenas representam a empresa e seus produtos e serviços como também desempenham certo papel de identificação para cada funcionário e criam um efeito externo sobre o público geral.

Cative com suas emoções

Imagem típica de um evento de início de ano: um diretor sobe no palco, coloca suas anotações sobre a tribuna, acomoda os óculos de professor no nariz, crava os dedos no púlpito e começa sua leitura: "Os últimos anos não foram fáceis. As estratégias que estipulamos foram aplicadas de forma consequente e tiveram sucesso. Como demonstram os desdobramentos econômicos atuais, ainda temos alguns desafios a enfrentar. Com um novo direcionamento estratégico, desenvolveremos novos potenciais e..." Quão convincente é um tomador de decisões que lê seu discurso assim monotonamente? Com palavras vazias e frases feitas, sem emoção e paixão? Com esse método ele consegue contagiar sua equipe? Será que sequer é admissível ainda agir assim? A resposta é clara: não! O único resultado é indiferença e antipatia. A maioria dos líderes empresariais não dedicam o tempo necessário para conquistar sua equipe com o coração. Simplesmente lhes falta presença e, consequentemente, credibilidade. Sem entusiasmo, os líderes cedo ou tarde saem perdendo. O entusiasmo é a base e um requisito para a eficácia perfeita. É um equívoco pensar, principalmente nos países europeus, que o pragmatismo vem em primeiro lugar. Com meros argumentos objetivos não atingimos nem convencemos ninguém. Só conquistamos as pessoas usando o coração. Você pode contratar os melhores instrutores e redatores de discursos, ser inteligente e saber tomar decisões – mas se não agir com entusiasmo, cedo ou tarde fracassará – pois lhe faltará aquele brilho que contagia. A liderança também é a arte de fazer acreditar.

Os seus funcionários não devem vê-lo apenas como um dissecador de fatos, mas também como um ser humano. Como uma pessoa com emoções, que sabe rir, se indignar e se comover – que é capaz de demonstrar sentimentos. Para isso não são necessárias palavras, pois a perfeição retórica é secundária. Basta mostrar emoções verdadeiras. O que você diz deve vir do coração. Caso contrário, não será crível. Diga adeus às anotações débeis. Despeça-se da frieza e entusiasme seus funcionários com seu impacto, seja em conversas individuais, em reuniões ou em eventos. O filósofo e teólogo Aurelius Augustinus, mais conhecido como Santo Agostinho, já sabia no século IV: "Aquilo que desejas inflamar nos outros precisa arder em ti próprio". E isso não vale apenas dentro de empresas, mas também na esfera pública.

O poder das mídias

Com a enorme presença da mídia nos dias de hoje, as empresas precisam divulgar as informações com agilidade. Por isso, os tomadores de decisões devem ser capazes de agir rápido e encenar da forma ideal em um piscar de olhos. Uma palavra errada, um gesto inseguro ou uma expressão emotiva inadequada e o mundo inteiro estará

Dura realidade

De acordo com um estudo de 2006 de um instituto alemão de pesquisa de opinião, apenas 19% do efeito de um discurso é determinado pelo conteúdo. 26% da sua eficácia dependem da voz e do gestual e 55% recaem sobre a forma de palestrar e a personalidade do orador.

sabendo em questão de poucas horas. E a mídia ainda tem o enorme poder de despertar emoções. Ela nem sempre parte exclusivamente de fatos objetivos, como também faz seu juízo da imagem daqueles que os apresentam.

Já em 1999 um pesquisador de comunicação e mídia descreveu que a impressão visual domina muito fortemente a razão humana. Então isso também quer dizer que os sinais não verbais têm efeito substancialmente maior que as palavras. As pessoas formam em frações de segundos um julgamento inconsciente do interlocutor. Mesmo sequências curtas de imagens de políticos ou tomadores de decisões nos programas de televisão já provocam um efeito cognitivo e afetivo nos espectadores. Veja o exemplo de Gerhard Schröder, o ex-chanceler "midiático" da Alemanha, que astutamente soube reconhecer cedo esse efeito. Sua afirmação a respeito: "O sucesso é sempre transmitido pela mídia – caso contrário, não é sucesso". Por isso não surpreende que, nesse ínterim, os políticos e diretores de destaque já contem todos com consultores de mídia. O motivo: atualmente, espera-se dos executivos sobretudo que brilhem com um ótimo desempenho diante de acionários, da imprensa, de analistas, do público e, por último, mas não menos importante, dos seus funcionários. Eles já aprenderam o poder da linguagem corporal e agora usam estratégias conhecidas do mundo dos *shows* e eventos: iluminação perfeita, montagem excepcional do palco, *performances* dinâmicas e retórica, gestual e expressão facial o mais sedutores e convincentes possível. Eles encenam.

Por acaso você se lembra da seguinte cena empresarial? Steve Jobs com seu obrigatório suéter preto de gola rolê, o palco vazio e seu novo produto da Apple já bastavam para arrebatar o público. Não havia quaisquer elementos que nos distraíssem da inovação revolucionária apresentada, que assim ficava 100% em posição central, perfeitamente colocada em cena.

A rota para o seu objetivo

Se você deseja chegar ao topo, trabalhe na sua marca pessoal – com racionalidade, reflexão e a meta de manter-se autêntico. Desenvolva continuamente sua identidade inconfundível. Como líder, você deve ter definição e visibilidade claras tanto para seus funcionários quanto para o público. Isso quer dizer: ganhe a confiança das pessoas que trabalham para você, aja com integridade e credibilidade e o mais importante de tudo: cumpra sempre o que promete.

Como se tornar uma marca

Jon Christoph Berndt, desenvolvedor de mercado e instrutor de gestão conhecido no ramo (dicas de leitura, pág. 196), cultiva um lema que parece simples: "Sabemos que a sua marca é forte quando as pessoas reconhecem você". Inúmeros gestores e personalidades da vida pública trabalharam satisfatoriamente nesse processo.

"O que os outros têm que eu não tenho? Por que eles são reconhecidos à primeira vista e eu não? E por que eles conseguem o que na verdade cabe a mim?" Essas talvez sejam as perguntas mais antigas da humanidade a respeito de uma vida (profissional) satisfatória. Mas como mudar isso? Como tornar-se uma figura forte, um rosto que se destaca na multidão e provoca cobiça? Se você, por exemplo, integra a gerência intermediária, pode estar demonstrando muito engajamento, incentivando muito e, sobretudo, trabalhando bastante. E mesmo assim ter que ver todos aqueles céticos, preguiçosos e critiqueiros o ultrapassarem rumo ao topo. Isso acontece porque a abelha mais trabalhadora geralmente perde. No time dos vencedores estão os sagazes, as pessoas ativas na medida correta, que fazem muitas coisas certas intuitivamente. O que fazem os melhores? Muito simples: eles são uma marca! Você também pode trabalhar para se tornar uma marca irresistível com grande força de atração. Mas para se vender com eficácia no nosso mundo cada vez mais complicado, certamente é preciso conhecer o mecanismo básico da construção das marcas e usá-lo a seu favor. Por isso, investigue o que torna você único e o posiciona claramente. E em todas as esferas da vida. Só depois de encontrar essa essência será possível planejar o êxito, emocional e materialmente. Considere os seguintes pontos na sua reflexão:

1. A sua personalidade de marca também é desenvolvida para o futuro, não só para o presente. Trata-se de um perfil-alvo, pois o hoje já é o amanhã de ontem.

2. Esse perfil-alvo deve expressar como você quer ver a si mesmo no futuro (sua autoimagem). Mas é no mínimo igualmente importante para a imagem que as pessoas ao seu redor terão de você (sua imagem exterior).

3. Sua marca deve ser fruto de tamanha ponderação e reflexão a ponto de servir de fundamento para todas as suas atividades por cerca de 15 anos – exatamente como as marcas de empresas e produtos fortes. Ou melhor ainda: por toda a sua vida. É imprescindível que ela tenha essa força, pois caso contrário o esforço não vale a pena.

4. Após o desenvolvimento da sua marca, você deve investir tempo suficiente para colocá-la em prática. Considere um período de aproximadamente dois anos para que ela se firme em todos os âmbitos da vida. Isso não é tão apressado e você não se coloca sob muita pressão. Mas assim também não tarda demais, evitando que você perca o fôlego ao longo do caminho.

Comportamento posto à prova

Como se tornar uma marca forte? Coloque sua vida como um todo à prova. Analise suas visões, suas chances, seu tempo livre, suas dúvidas, metas e providências, seus trajetos, sua rede e tudo que lhe ocorrer. Pense em uma espécie de funil de marca onde entra tudo que você faz ("Sempre fiz isso desse jeito!") e, além disso, tudo o que você não faz ("Nunca fiz isso desse jeito!"). Na parte mais estreita do funil, concentram-se a sua essência de marca e os seus valores de marca. Deles resulta a vida futura da sua escolha:

› Proeminência: resuma o que faz você se distinguir na multidão e o torna incomparável.
› Vantagem competitiva: avalie os seus concorrentes (que também podem ser chamados de companheiros de mercado). Eles definem os parâmetros.
› Contribuição social: formule como você contribui com todos os seus feitos (e com tudo que não faz) para que a situação dos seus semelhantes seja sempre um pouquinho melhor.

Como se vender, tomar distância e vencer

Uma vez posicionado de modo inconfundível, você pode fazer o mesmo que uma empresa ou um produto bem-sucedidos: vender-se e diferenciar-se no âmbito que a sua marca inconfundível determina. É possível aparar as velhas arestas e transformar os eternos e vacilantes "teria", "poderia" e "seria" em "tenho", "posso" e "sou", e assim voltar a encher o seu funil de marca citado anteriormente. Você sabe onde vale a pena investir para o seu progresso (tanto na linguagem corporal quanto em outras disciplinas de aperfeiçoamento) e no que pode continuar da maneira como você é. Entre os temas que conduzem ao sucesso estão, além da linguagem corporal com gestos, expressão facial e seu efeito: voz e fala, retórica, apresentação, *networking*, gestão do tempo, estilo e etiqueta e vestuário, entre outros.

E como líder, você precisa polarizar opiniões – isso é realmente importante. Gerar divergências construtivas ajuda no caminho para o sucesso. Dessa maneira, é esperado ter repudiadores declarados além de verdadeiros fãs. Memorize a seguinte regra geral: se você tem a sensação que muitos dos seus semelhantes o veem como "simpático" (que é o irmão menor do "ah, está OK"), eis um indício de que você não polariza e, por isso, não é uma marca forte – na melhor das hipóteses, apenas uma "marquinha" lânguida. Com a sua marca você terá os fundamentos certos – a "receita de bolo" para a sua vida futura.

Você não deve dizer como é: deve deixar que os funcionários o sintam, assim como outras pessoas do seu ambiente. Pois a sua marca é o que dizem a seu respeito pelas suas costas. Ela é a base e, ao fim e ao cabo, a chance para fazer a carreira que você deseja para si na sua profissão. Conhecendo não só os seus pontos fortes, mas também os fracos, você terá facilidade em filtrar as características correspondentes e colocá-las em ação. E também se deve contar com crises, que até as marcas "grandes" enfrentam de vez em quando. Como você deve administrar essas possíveis crises? Continue refletindo sobre as coisas realmente importantes na sua vida, sobre o que e como você deve fazer e sobre o efeito que provoca nos seus semelhantes.

No alvo

Sua marca inconfundível é a base para o caminho que você deseja percorrer. Como um líder de sucesso:

› reconheça de forma clara e inequívoca quem você é, como você é e no que você acredita;

› saiba o que realmente quer;

› reconheça suas metas e saiba avaliar onde investir bem o seu tempo, o seu sangue e as suas forças;

› tenha fundamentos para tudo o que faz – e para tudo o que deixa de fazer. E a certeza de que muito do que os outros fazem você não precisa fazer também;

› saiba quais dos seus pontos fracos na verdade são fortes. E em quais disciplinas você deve, com base na sua marca, aperfeiçoar-se e melhorar de forma planejada para poder se sair bem a longo prazo.

Liderar significa comunicar-se adequadamente

Suponhamos que você vai tocar um projeto empolgante e a primeira reunião de equipe com seus novos funcionários está prestes a começar. Você chega atrasado e entra apressadamente na sala de reunião. Sorri rapidamente para os presentes enquanto coloca seu *laptop* sobre a mesa. A seguir cumprimenta todos cordialmente, se apresenta e então pede aos membros da equipe que façam o mesmo um por vez. Um a um eles cumprem a sua vontade. Enquanto isso, você abre o *laptop*, o inicia, segundos depois o seu celular toca, você vira-se de costas e atende a ligação. E para terminar ainda vai buscar um café na mesa de canto. Consequência: quando o último membro da equipe terminar de se apresentar, você provavelmente estará pensando em como os funcionários que lhe atribuíram são de poucos amigos. É de supor, porém, que eles o tenham visto como um chefe desinteressado e incompetente. Mas com um começo desses, não seria nenhuma surpresa, certo? E ainda assim, cenas como essas ocorrem com bem mais frequência do que pensamos, embora as consequências sejam evidentes. Todos que exercem cargos de supervisão, seja no topo da empresa ou como gerentes de uma equipe interna, jamais devem perder de vista o seguinte: os colaboradores são o bem mais precioso que os líderes possuem, não importa em qual nível estejam. Sem pessoas para "conduzir", todo e qualquer chefe torna-se rapidamente supérfluo. Ainda que o topo concentre bem mais poder, todo e qualquer líder depende da sua equipe. Uma convivência respeitosa e justa deve ser prioridade máxima, e ser expressa tanto pela comunicação verbal quanto pela não verbal.

O abecê da linguagem corporal soberana

Nada diz mais sobre o seu *status* na empresa que o comportamento dos seus subordinados. As conversas emudecem quando você se depara com funcionários? Eles giram o corpo levemente em outra direção quando você surge no campo visual deles ou assumem uma postura extremamente subordinada ao passar por você, recuando intencionalmente dois passos e baixando a cabeça? Se sim, você deve refletir sobre o seu estilo de liderança, e talvez examinar-se um pouco como chefe. É fato que liderar também significa exigir, mas não dominar. Mas como é possível transformar um ambiente como esse, definido pela hierarquia, em uma convivência agradável e estimulante – mas sem que o seu efeito soberano padeça? Sem dúvida nenhuma, a solução ideal é ser ao mesmo tempo um chefe respeitado e um colega benquisto – um equilíbrio difícil, mas que vale a pena tentar. Para tal, não é raro já bastarem, literalmente, um pequeno gesto e uma expressão facial diferente. Resumindo: dedicar um pouco mais de atenção à própria linguagem corporal.

Rosto relaxado

Você está atolado de trabalho até o pescoço, geralmente muito concentrado e trabalhando doze horas por dia. Isso automaticamente provoca uma expressão facial severa [a, pág. 174]. Tal expressão é inconscientemente percebida por funcionários, colegas e parceiros como inacessível ou até agressiva. Isso automaticamente provoca estresse e nervosismo nos outros, que tentarão evitá-lo. Uma expressão como essa sugere perigo potencial. Quem, pelo contrário, deseja causar impressão relaxada e consequentemente inofensiva e simpática nos que estão ao redor, deve estar atento para relaxar conscientemente a musculatura do rosto em intervalos regulares [b, pág. 174]. Uma testa lisa, sem rugas de brabeza, e lábios descontraídos são alguns dos sinais-chave responsáveis por uma presença equilibrada.

Então da próxima vez que entrar em uma reunião, encontrar seus funcionários no refeitório ou se deslocar pela empresa, cheque antes a sua expressão facial. Uma expressão relaxada é muito simples de conseguir por meio dos métodos a seguir: contraia a musculatura do rosto e volte a relaxá-la depois de alguns segundos. Então abra bem a boca, erga as sobrancelhas, faça algumas caretas e termine inspirando e expirando profundamente algumas vezes. A cada respiração a sua expressão facial se tornará mais relaxada. Esse é um método comprovado que, aliás, também é usado por atores pouco antes de entrarem em cena.

O sorriso social

Quanto mais alta a posição de um líder, menos ele sorri e lhe sorriem. O que é compreensível, em parte: afinal, essas pessoas têm grandes responsabilidades e precisam dar ordens e delegar com fre-

a Uma musculatura facial austera nos faz parecer inacessíveis ou agressivos e logo promove estresse e nervosismo entre os funcionários.

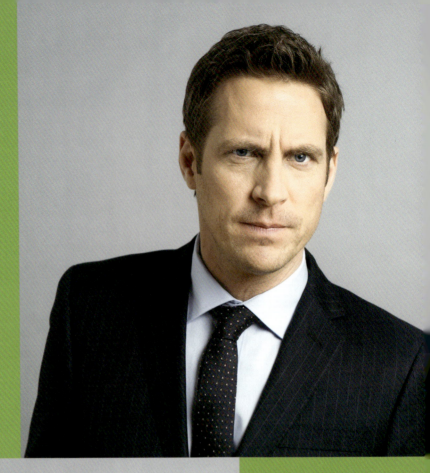

b Já uma musculatura facial relaxada com lábios descontraídos e testa sem rugas tem efeito tranquilizante sobre o ambiente ao seu redor.

quência. Fatores que ajudam pouco a ter um dia de trabalho alegre e relaxado.

Além disso, pesquisadores constataram que os homens riem muito menos que as mulheres no cotidiano profissional. Nas mulheres, o sorriso é visto como normal. Uma mulher que não ri é imediatamente vista como antipática. Por isso as mulheres em cargos de liderança precisam combater com frequência a reputação de "dama de ferro" quando seu comportamento se assemelha ao dos homens. É, portanto, uma grande pena que o sorriso tenha claramente se estabelecido como uma forma de expressão feminina, fraca e frívola. Afinal, o sorriso – sobretudo o social, que é empregado como um sinal perante nossos semelhantes – é uma ponte importante para firmar contatos. Basta experimentar: sorria conscientemente à sua assistente ou a um funcionário quando chegar ao escritório. Faça o mesmo teste com um desconhecido na rua. Tenha relativa certeza de que ele lhe sorrirá de volta. E o mais importante: você perceberá que esse pequeno gesto mudará o decurso do seu dia. É cientificamente comprovado que o sorriso – mais ainda quando retribuído – provoca emoções positivas no corpo. Principalmente em novos contatos, recomenda-se apostar conscientemente no sorriso como meio de comunicação para ser classificado desde o início como simpático e competente.

A postura corporal simétrica

Você representa uma empresa ou departamento ou gerencia uma equipe. Isso significa que você não só deve estabelecer uma boa conexão com seus funcionários, como também transmitir força e competência. Afinal, os líderes também têm a função de servir de exemplo, à qual você também deve fazer jus com sua presença. Ela inclui uma postura ereta – que transmite atratividade, saúde e autoconfiança. Para tal, firme-se em pé sobre ambas as pernas, deixe os ombros penderem, abra o peito e contraia o umbigo. Isso já basta para irradiar força e vitalidade. Caminhe com postura ereta e olhando para adiante, acompanhe com os braços e atente para a velocidade adequada. Quanto maiores e mais rápidos os seus passos e mais acentuados os movimentos de braços, mais enérgico e decidido você parecerá. A velocidade do andar deve ser adequada a cada situação. Para um compromisso urgente, escolha a variante mais enérgica. Mas se quiser criar uma relação de confiança com alguém, recomenda-se irradiar calma e caminhar de forma correspondente – mais comedidamente. Evite passos curtos e braços apoiados junto ao corpo. Assim você parece inseguro e hesitante e não irradia soberania alguma.

Também na cadeira de escritório ou na sala de reunião você deve estar atento para manter uma postura simétrica. Não se afunde na cadeira. Se em todas as circunstâncias da vida a sua linguagem corporal demonstrar postura que o faça irradiar energia, você também contagiará seus funcionários e os animará a serem mais ativos.

Importante: durante reuniões, é imprescindível dedicar atenção completa à pessoa que fala, voltando o tronco na sua direção. Inclinar o corpo levemente para frente sinaliza de modo ainda mais nítido o seu interesse.

A posição dos assentos

Justo em reuniões e discussões internas, raramente a posição dos assentos é discutida. Contudo, esse aspecto pode ter grande influência sobre a evolução da conversa ou das reuniões.

› Na mesa redonda: igualdade
Em uma mesa redonda, todos os participantes sentem-se no mesmo patamar. Por isso essa posição é vantajosa: para reunir pensamentos criativos nos quais todos devem trabalhar juntos intensivamente.

› De frente: disputa [c]
Se o objeto de uma reunião é uma situação competitiva, como negociações de preços, de aquisições ou de produtos, então sente-se de frente para o interlocutor. Nessa posição os diálogos são naturalmente mais "duros", pois a mesa entre os interlocutores de negociação representa uma espécie de zona de proteção imaginária. Cada uma das partes ousa abordar o assunto com mais agressividade. Se adicionalmente quiser aparentar mais *status*, escolha uma cadeira mais alta e posicione com antecedência alguns documentos no seu lugar.

› Em ângulo reto: convencer, comunicar, seduzir [d]
Sentar-se em ângulo reto em relação ao interlocutor é uma posição diferenciada que concede grande margem de manobra. Assim ficamos relativamente próximos do interlocutor, mas sem invadir seu território. O contato visual pode ser facilmente estabelecido e interrompido de novo. Por isso, é uma posição ideal para diálogos importantes ou entrevistas quando é necessário criar uma atmosfera agradável.

C Sentar-se de frente representa uma situação de disputa, e as negociações tornam-se mais duras.

d Sentar-se em ângulo reto garante uma atmosfera agradável e margem de manobra suficiente para ambos.

e Quando uma solução rápida é necessária, sentar-se de lado é a melhor variante.

› Lado a lado: trabalho em equipe [e, pág. 177]
Se precisam concluir juntos uma tarefa ou traçar um plano estratégico com alto grau de engajamento, então sentem-se lado a lado. Estudos demonstraram que pessoas posicionadas dessa maneira trabalham mais duro e mais rápido para chegar a uma solução.

› Na cabeceira da mesa: grandes reuniões
Se você quer manter o controle em uma grande reunião, cuidar para que a pauta seja seguida, dizer algo essencial ou enfrentar pouca resistência, sente-se na cabeceira da mesa. Estudos demonstram que pessoas nessa posição falam mais e recebem contato visual mais frequente. Não se esqueça, porém, que desse modo você também se segrega da equipe, o que poderia prejudicar um trabalho colaborativo intenso. O motivo: nessa posição, ideias, propostas ou relatórios de progresso são dirigidos somente a você. Os outros participantes são pouco ou nada levados em consideração. Ademais, os participantes menos ativos perdem envolvimento.

› No meio: bom relacionamento
Se você deseja estabelecer um bom relacionamento com os membros de um grande grupo e assim estimular uma cooperação intensa, sente-se no meio em um dos lados da mesa. Mas para ainda assim manter o controle, a posição também deve ser de frente para a porta. Nessa distribuição, todos os membros participam ativamente da reunião. Caso deseje dar destaque especial a um participante, posicione-o ao seu lado.

Mas como fazer para que um novo projeto (história inicial da pág. 172) comece melhor com os novos membros da equipe? Muito simples: incorporando as seguintes dicas. Relaxe o rosto antes de entrar ativamente na sala de reunião. Dê um sorriso aos novos funcionários e faça contato visual. Na rodada de apresentações, ouça atentamente cada participante e agradeça-lhes com um movimento de cabeça. Inicie o *laptop* antes de se apresentar, busque o café depois da rodada de apresentações ou na pausa. E da maneira que for, celulares normalmente são sempre tabu em reuniões.

Palavra-mágica: empatia

Bons políticos, diretores e líderes têm um talento em comum: são capazes de gerar determinados climas com a intenção de conquistar funcionários, clientes, espectadores ou eleitores para uma empresa ou de ser bem-sucedidos em determinados objetivos, produtos ou serviços. Boa parte dessa "manipulação" inconsciente ocorre pelo recurso da linguagem corporal.

Lendo pensamentos sem dificuldades

Empatia quer dizer saber se colocar no lugar de um semelhante: compreender o que se passa dentro dele e o que o move – no fim das contas, quase como uma forma de ler pensamentos. Temos essa habilidade graças aos chamados neurônios espelho, encontrados em todos os centros do cérebro. O especial nessas células nervosas é que elas já enviam sinais mesmo quando estamos apenas observando um acontecimento. Elas reagem exatamente como se estivéssemos vivendo nós mesmos o que estamos observando. Talvez lhe seja familiar: em um filme, o destino da protagonista tratada com desumanidade nos leva às lágrimas. Ou praticamente sentimos na própria pele a dor de alguém que prende a mão na porta. Ou você retribui instintivamente o sorriso de alguém que sequer conhece. Mas como isso funciona? Simplificando, mesmo a mais vaga lembrança de uma situação ou sensação semelhante vivida por si próprio – positiva ou negativa – já basta para reativar os neurônios responsáveis.

Imagine que você deseje conhecer melhor uma nova funcionária. Depois de um pouco de conversa casual, você pergunta: "Como foi no seu último emprego?" Ela encolhe os ombros, dá um breve e largo sorriso e responde: "Eu adorava o emprego, mas já era hora de uma mudança". Você sente imediatamente do que se trata. Pois os seus neurônios espelho estão altamente ativos e buscam algo na memória assim que você percebe intuitivamente os olhos assustados, o sorriso falso e a postura tensa. Para você são um sinal claro de que a nova colega não quer falar a respeito e agradeceria se mudassem de assunto. A maioria das pessoas dispõe dessas aptidões "empáticas" e também do dom de notar e interpretar conscientemente os sinais dos nossos interlocutores. A empatia, porém, também possibilita conduzir as outras pessoas, porque elas reagem claramente a determinados padrões de comportamento.

Agindo e reagindo com sensibilidade

É provável que você conheça a sabedoria popular do "tal é o servo como o senhor", ou então: "o fruto nunca cai longe do pé". Esses ditos também podem ser muito bem transpostos para as organizações empresariais. Os funcionários buscam sinais nos líderes e imitam seu comportamento – muitas vezes de forma inconsciente, mas às vezes também conscientemente. Então reflita bem sobre o efeito que gostaria de causar e sobre qual comportamento você também deseja dos seus funcionários. Se estiver sempre correndo pela empresa, seus funcionários reagirão com ainda mais estresse. Se para você é importante trabalhar com alegria e prazer, então procure rir mais. Se deseja que os funcionários trabalhem intensivamente em conjunto, então dê você primeiro um bom exemplo de cooperação. Ao menos os funcionários que se identificarem com você e com a empresa copiarão inconscientemente o seu comportamento graças aos neurônios espelho. Os neurônios espelho não só imitam, como também refletem intenções e emoções. Suponhamos que você precise demitir por razões internas um funcionário de 54 anos de idade, pai de dois filhos, cuja esposa está doente. No rosto e na postura completa dele você consegue ver seu enorme abalo e desânimo. Então como você se sente? Os seus neurônios espelho apropriam-se das emoções do funcionário e você se sente mal. Ou não sente nada? Neste caso você faz parte da porcentagem mínima das pessoas que dispõem de pouca ou absolutamente nenhuma empatia.

Aguçando a sua percepção

Para observar com exatidão os interlocutores, sobretudo de forma certeira, é preciso treinar sua percepção dos sinais não verbais. Os "objetos de prática" adequados são todas as pessoas com as quais você se comunica. No seu "estudo" você deve atentar principalmente a estes fatores:

› Esforce-se para memorizar os "vocábulos" e gravar cada vez mais sinais positivos e negativos.

› Observe em todas as oportunidades. O mais fácil é observar diálogos dos quais você não esteja participando.

› Nunca perca de vista o quadro completo de uma conversa. Avalie palavras e sinais da linguagem corporal no contexto.

› De início, preste atenção em cada movimento. Com o tempo você conseguirá começar a perceber vários sinais simultaneamente.

› Quando já souber reconhecer bem movimentos universais, concentre-se em gestos e expressões faciais individuais. Cada pessoa também tem suas formas de expressão específicas para demonstrar o que pensa e sente.

› Confie no seu instinto – como você fazia quando era criança.

"*Good vibrations*" – na mesma sintonia

Quando colegas que são bons amigos conversam, eles assumem postura corporal semelhante. Em geral podemos dizer que quanto melhor e mais próximo o relacionamento, mais "copiável" é o comportamento por ambos. Um relacionamento mais aprofundado geralmente só é possível no mesmo nível de *status*. Alguém de *status* mais elevado na hierarquia conta com a tarefa de estabelecer o máximo de harmonia com seus funcionários. Por exemplo: se você deseja ter uma conversa o mais de igual para igual possível com um funcionário no seu próprio escritório, sente-se com ele em uma mesa à parte com duas cadeiras iguais. Assim é possível estabelecer mais rápido um contato neutro do que dominando a situação na sua própria mesa. Se duas pessoas vibram mentalmente no mesmo nível, isso se mostra na linguagem corporal. Pois o ouvinte reage no ritmo adequado às palavras do interlocutor – movendo levemente a cabeça ou os dedos, por exemplo. Quer dizer que, em "*good vibrations*" (boas vibrações), o ritmo dos movimentos se ajusta ao das palavras. Mas é claro que o inverso de tudo isso também se aplica. Se você deseja se sair bem com alguém – tanto faz se pessoal ou profissionalmente –, as "*good vibrations*" são um requisito importante. Sendo assim, sintonize-se com seu interlocutor e vocês chegarão a um mesmo comprimento de onda.

f   Gestos demonstrativos semelhantes estabelecem uma conexão e apontam um mesmo comprimento de onda.

g   Posição de mãos semelhante na mesa de reunião sinaliza entendimento.

Balance a cabeça

O ato de balançar afirmativamente a cabeça também pode ser empregado intencionalmente quando você quiser a adesão dos outros a uma decisão importante, à sua opinião ou a uma proposta de melhoria. Balance você mesmo levemente a cabeça enquanto fala. Pelos movimentos de cabeça do ouvinte, você logo perceberá se terá sucesso. Se ele também balançar a cabeça, a vitória é sua.

Mas tenha cuidado! Não tente espelhar o interlocutor o tempo todo. A tentativa de instaurar a harmonia a qualquer preço pode ser rapidamente percebida como uma afronta ou uma ofensa.

Gestos idênticos

Para estabelecer uma conexão, vale adequar-se empática e respeitosamente à linguagem corporal da outra pessoa. Sobretudo no que diz respeito à velocidade e à intensidade dos sinais não verbais. Procure chegar a um ritmo sincrônico de movimentos. Adeque-se ao ritmo do seu interlocutor. Se ele tende a dar passos largos, dê passos maiores também. Se ele usa gestos expressivos [f, pág. 181], então também enfatize mais com os braços o que você está dizendo ou demonstrando. Pratique principalmente o ato de se adequar a gestos positivos sem adotar exatamente o mesmo gestual. Observe a posição de braços e mãos. Ele pousou a mão esquerda ou o antebraço relaxadamente sobre a mesa [g, pág. 181]? Simplesmente aproxime-se disso. Assim o interlocutor percebe inconscientemente que você pensa ou se sente de forma semelhante. Ou experimente o chamado espelhamento tardio: faça os gestos espelhados um instante depois.

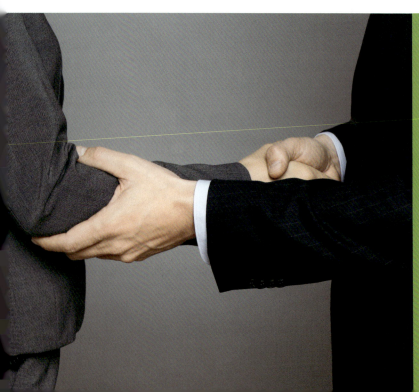

h Tocar o cotovelo do interlocutor sinaliza disposição a apoiá-lo.

O poder do "sim" com a cabeça

Todo ser humano precisa de reconhecimento e atenção. Sinais que satisfaçam essa necessidade podem ser um bálsamo para a alma e tornar mais unidos os indivíduos e as equipes. A forma mais simples de reconhecimento é o gesto afirmativo da cabeça. Ele diz ao interlocutor "estou te ouvindo", "sou da mesma opinião", ou "você tem total razão". Mas essa demonstração de concordância também compensa para quem a faz, pois nossos neurônios-espelho aprenderam que, na nossa cultura, balançar a cabeça na vertical significa concordância (pág. 137). Isso gera automaticamente sentimentos positivos. E os neurônios-espelho do interlocutor são ativados. Ele fica mais aberto às informações, porque o gesto lhe sugere que está no caminho certo. Mas tenha cuidado: não se agite freneticamente como um boneco de cabeça de mola – duas a três vezes por minuto são o bastante.

O mesmo *dresscode* une as pessoas

Não só expressão facial, gestual e postura podem contribuir para a mesma vibração entre indivíduos no âmbito não verbal. O mesmo vestuário também diz sem palavras: "Olhe só, sou igual a você". Por isso, escolha roupas que combinem com o seu ramo, o seu nível hierárquico e os seus interlocutores de negociação. Além disso, é evidente que, na sua empresa, você também deve dar o exemplo nesse sentido.

Mire na harmonia!

O mesmo comprimento de onda também pode ser alcançado na comunicação pela voz. Como? Use palavras e expressões semelhantes, procure adequar-se na velocidade da fala, no tom, no volume e no ritmo. Pois a voz cria o clima e o

i A mão livre pousada sobre a lateral da mão do interlocutor expressa estima.

mesmo tom contribui para um estado de espírito em comum. Mas para isso vale: não busque a sintonia a qualquer preço. Se perceber que um colega, cliente ou funcionário está falando de forma inflamada ou atropelada, escolha, em vez disso, um tom grave e um ritmo lento. Você vai ver que o seu interlocutor se acalmará e se adequará ao seu compasso.

A proximidade conecta

Um sinal nítido da conexão entre duas pessoas são os pequenos toques – mesmo que em contatos profissionais. Isso já começa no aperto de mão. Geralmente a forma de cumprimentar diz muito sobre uma relação:

um tapinha no braço é indício de uma amizade descontraída, que vai além do relacionamento profissional. Um toque no ombro é sinal de superioridade. Se durante o cumprimento o cotovelo é tocado [h, pág. 182], isso é sinal de disposição a apoiar. Quem ao cumprimentar ainda pousa a mão livre por cima da mão alheia [i, pág. 183] expressa com isso a sua estima.

Excetuando os cumprimentos, nos quais o contato corporal é óbvio, assim por dizer, na vida profissional é recomendável ser mais contido nesse aspecto. Em geral, a expressão pelo toque só deve ser empregada com muita cautela por líderes, e no mesmo nível hierárquico. É possível tocar levemente tanto homens quanto mulheres nas costas das mãos ou no antebraço. Mas se o outro recuar, procure reforçar a conexão de outras formas.

Torne-se capitão de uma boa tripulação

Muitos líderes são convencidos de que a competitividade entre os funcionários é vantajosa para um melhor desempenho. Para elaborar um *design* genial, criar boas ideias ou alavancar as vendas a curto prazo, isso pode sim funcionar momentaneamente. Mas vendo a longo prazo, a colaboração sobre as bases da lealdade e da solidariedade é a melhor e mais bem-sucedida variante para um trabalho em equipe profícuo. Os seguintes sinais da linguagem corporal podem ajudá-lo a unir sua equipe como um time motivado, cooperativo e autônomo:

> Sente-se com sua equipe em uma mesa redonda. Isso estimula a sensação de igualdade entre todos.
> Trate todos os membros da equipe com respeito – com contato visual, sendo amigável e realmente ouvindo com atenção.
> Treine uma voz motivadora e enérgica.
> Em diálogos, reuniões e *workshops*, vire sempre o corpo para quem estiver falando.
> Durante suas contribuições, use movimentos vigorosos de braços.
> Lidere a equipe também com sua postura corporal.
> Esteja sempre atento para manter uma expressão facial relaxada e amigável.
> Pense em um começo ativo para as reuniões, fazendo a equipe imediatamente pensar, rir, questionar. Assim você cria uma dinâmica de grupo frutífera desde o início.

Carisma – cativando com sua presença

Madre Teresa de Calcutá, freira, benfeitora e vencedora do Prêmio Nobel, era como o ex-chanceler alemão Helmut Schmidt: tinha uma aura especial, também chamada de carisma. Um dom encontrado nos mais diferentes tipos de personalidade – e de forma muito particular em cada indivíduo. Contudo, todas as pessoas carismáticas são unidas por algumas características em comum: elas negociam extraordinariamente, são independentes da opinião dos outros, são precursoras de novos apelos e até de novos preceitos e não se deixam dominar pelas convenções. Elas demonstram emoções, mostram envolvimento com os outros e conseguem atrair e conquistar as pessoas. Madre Teresa devia seu carisma à sua compaixão, e Helmut Schmidt, à sua objetividade.

Inato ou adquirido?

A palavra carisma vem do grego e significa "graça". Antes o conceito era compreendido como dádivas concedidas por Deus. Hoje é associado a uma personalidade bastante especial. Pessoas carismáticas têm consciência de si próprios e uma boa dose de autoconhecimento [a]. Essas pessoas amam o trato com as demais; sabem liderar e encenar, são abertas, motivadas, apaixonadas e dispõem de muita empatia. Sabem cativar os outros com bem mais facilidade que os demais.

Quem eu sou e quem quero ser? Como encontro minhas particularidades? O que me deixa satisfeito? Para reconhecer isso, primeiro é preciso fazer algo: refletir sobre si mesmo e obter clareza ao próprio respeito. Um grande desafio, pois uma das tarefas mais difíceis é traçar um quadro objetivo de si próprio.

a   O carisma manifesta-se em uma postura autoconfiante e amável.

Por isso, não se deixe desencorajar, pois fazer a autoavaliação certa não é fácil para ninguém. Se conseguir superar esse obstáculo com as próprias forças, você já estará no melhor caminho para uma presença satisfatória e mais intensa.

Acredite piamente

O mais importante é: tanto faz o que você apresente, do que fale ou o que represente – se possível, você deve acreditar 100% nisso. Se você mesmo não estiver convencido de um tema, de uma opinião ou de um conceito, seu efeito sobre os funcionários na apresentação ou na reunião também será ineficaz. Fale com total convencimento, pois assim já terá algo substancial que distingue as pessoas carismáticas: elas firmam sua presença a partir do entusiasmo, usam o entusiasmo para criar devoção e esta, por sua vez, gera impacto. Algumas pessoas tentam alcançar esse objetivo imitando indivíduos de destaque e incorporando padrões de comportamento, determinados estilos ou até opiniões. Mas essa conta não fecha, pois uma "roupagem" alheia não tem o efeito daquela que é do seu próprio número, sob medida para si. Carisma não se compra – ele precisa vir de dentro, com a sua marca individual e caracterizado pelas suas próprias experiências pessoais. Somente assim o efeito é autêntico e convincente.

No entanto, os exemplos não devem ser totalmente ignorados, pois atiçam certo grau de motivação e podem ser um bom estímulo, desde que a identificação não se torne imitação. Pois a longo prazo, a imitação paralisa o desenvolvimento da própria personalidade e – o que é ainda pior – distancia de um comportamento autêntico. Ademais, comparar-se com exemplos sempre provoca insatisfação, pois as cópias nunca são tão boas quanto os originais.

Sua própria pele é a que lhe cai melhor

Dê adeus ao pensamento de que você é capaz de agradar sempre e a todos. Até o carisma é, até certo ponto, um fenômeno subjetivo, que está sempre nos olhos do observador. As exceções são apenas as personalidades realmente extraordinárias. A fórmula de ouro do carisma é: jamais se esprema em uma roupagem que não é do seu número – encontre o seu próprio estilo e, assim, a sua presença ideal. E faça para si próprio, não para os outros!

Recursos de carisma – dicas simples com ótimo efeito

Quando vemos alguém como carismático, há por trás dessa aura uma combinação de diversos conceitos: presença, empatia, coerência, eloquência, encenação e efeito. O maior fator é a eficácia pessoal – ou seja, a presença. Esta, por sua vez, também é consideravelmente definida pela linguagem corporal individual. Afinal, os sinais não verbais também são o que notamos primeiro em um desconhecido. As palavras, por sua vez, têm papel bastante diminuto no início de um contato. Pesquisas de opinião demonstraram que nosso juízo sobre alguém ter ou não carisma é 46% fundamentado pela respectiva linguagem corporal. Sendo assim, faça-se a pergunta decisiva de como conseguir ter o efeito ideal. Ou, em outras palavras: com quais fatores decisivos podemos contar para atingir o efeito ideal?

1. O capital da imagem

Pessoas carismáticas cuidam do seu toque pessoal e atentam para sua aparência – sempre adequada ao ramo e à ocasião, evidentemente. A maioria dos indivíduos cuja aura nos atrai investiram na aparência, no estilo, na elegância e nos bons modos. Sabem, por isso, atuar adequadamente em qualquer terreno e colocar seu charme em ação com autoconfiança e soberania.

Além disso, exalam força, vitalidade e saúde. Isso tudo é chamado de atratividade social, que todos podemos aprender e que hoje é mais importante do que nunca. Antes, o que mais contava no círculo dos políticos de alto nível ou dos grandes executivos era o nome. Hoje a presença e o efeito provocado também contam. Isso confirma a tese muito difundida nesse ínterim de que pessoas "bonitas" são mais bem-sucedidas. Uma razão possível: desde crianças, elas recebem mais atenção e reconhecimento. Por isso aprendem mais rápido competências sociais importantes e colhem mais reações positivas – o que também fortalece sua autoconfiança. Uma espiral positiva que coloca as pessoas atraentes automaticamente na trilha do sucesso, e lhes torna mais fácil seguir esse caminho.

Sendo assim, a relevância da atratividade no âmbito profissional não deve ser subestimada, e pode se equiparar à da inteligência clássica. Então invista não só no conhecimento e nas suas qualidades profissionais, como também na aparência. Mantenha-se em forma, instrua-se sobre etiqueta, vista-se de forma que lhe favoreça e sempre adequada à situação. A frase "as pessoas são o que vestem" hoje é tão atual como nunca. Também tenha interesse no que acontece no mundo e nos fatos da atualidade, pois saber conversar também faz parte do capital da imagem.

2. A postura

Uma postura firme em pé é sempre associada a uma personalidade autoconfiante, soberana e competente. Uma postura corporal ereta – de peito aberto e ombros baixos – transmite a impressão de força e prontidão a agir. E não é apenas impressão. Atente para manter a cabeça ereta. Imagine que está equilibrando um livro ou uma coroa na cabeça ou sendo puxado em direção ao céu por um fio invisível preso à parte de trás dela. Assim você não parecerá inseguro nem arrogante demais. Se em algum momento quiser parecer um pouco mais "brando" ou demonstrar empatia nessa posição, incline levemente a cabeça para o lado.

3. Gestos de mãos

Infelizmente os braços cruzados na frente do corpo continuam sendo muito interpretados como um sinal claro de passividade, rejeição e desinteresse, embora esse não seja sempre o caso. Todavia, é ainda melhor se abrir e também ressaltar com gestos dos braços o que expressamos verbalmente. O resultado é uma presença mais forte.

Quando gesticulamos parecemos mais eloquentes, conquistamos mais atenção e modulamos a voz com mais força automaticamente. Mas cuidado: não chacoalhe os braços e as mãos de forma selvagem e nervosa para ser visto como mais expressivo. Os movimentos de braços só são vantajosos quando empregamos os gestos com consciência [b] e os deixamos agir – preferencialmente antes do enunciado verbal.

4. O riso

Rir é contagioso e provoca um efeito positivo sobre você e aqueles que o cercam. Diversos estudos da chamada Gelotologia – a ciência que trata dos efeitos do riso – comprovam essa influência simples, porém eficaz. Mas somente quando o riso é sincero. Sorrisos artificiais são inúteis e nada simpáticos. O sorriso autêntico é acompanhado de sobrancelhas baixas e pequenas rugas nos cantos dos olhos [c]. Ele vale mais a pena do que você talvez imagine. É fato: pessoas carrancudas têm menos contato com as outras e menos sucesso na vida profissional. Pessoas risonhas, por sua vez, estabelecem contatos mais rápido, são mais otimistas e mais bem-sucedidas na carreira. E só custa um sorriso...

5. O contato visual

Todos ficamos desconfortáveis quando o interlocutor desvia o olhar o tempo todo. Tanto no primeiro contato quanto

b Só gestos empregados com consciência e adequados à situação têm efeito vantajoso e transmitem presença.

de maneira geral, na interação não verbal os olhos têm papel primordial. Por isso, não tenha medo de manter contato visual ativo com seu interlocutor. Porém, nunca por mais tempo que o equivalente a um pensamento "por olhada" – para que ele não se sinta encarado.

6. A presença

Demonstrar presença não quer dizer nada mais que estar conscientemente presente – física e, sobretudo, mentalmente. Criar uma aura ao seu redor, preencher o espaço. Pessoas com presença não só são notadas mais rápido – frequentemente também alcançam suas metas com mais facilidade. Mas essa forma de presença exige uma concentração serena no instante, nos acontecimentos momentâneos, na situação, no interlocutor. Durante apresentações ou reuniões também devemos estar de corpo e alma presentes. Seja tranquilo, relaxado, observador. Argumente de modo soberano e convincente quando chegar a sua vez de falar. Assim você marcará pontos com maestria. E com uma fala simples e compreensível, porém afiada. Para atingir esse objetivo, treine nas mais diferentes situações a permanência consciente no aqui e agora, sem já estar com o pensamento no próximo compromisso da agenda.

Mas não são apenas o estresse e a falta de tempo que podem pôr tudo a perder no quesito presença – a insegurança e a baixa autoconfiança também estão entre os inimigos naturais da presença soberana. É uma pena, mas é justamente nos momentos em que gostaríamos de ter um carisma forte que geralmente estamos inseguros e temos medo de fracas-

C Um sorriso sincero e carismático evidencia-se pelas sobrancelhas levemente baixas e pelas rugas de riso ao redor dos olhos.

sar. Mesmo que esse medo seja apenas fruto da nossa própria trama de pensamentos surreais. Em vez de se entregar a ideias e hipóteses contraproducentes, o melhor é concentrar-se inteiramente na situação presente, no interlocutor ou no público. Interesse-se conscientemente apenas pelas pessoas que o ouvem naquele momento. Abra seus ouvidos, seus olhos e principalmente o coração, e você se surpreenderá com o quanto será capaz de perceber, reconhecer e compreender.

7. Emoções e empatia

O talento para uma expressão inerte muitas vezes é visto como vantajoso na vida profissional. Trata-se de um engano, pois demonstrar emoções vale a pena – principalmente a longo prazo. O motivo: quem sempre guarda seus humores para si próprio parece pouco digno de confiança com o tempo e, sobretudo, impessoal e entediante. Sem dúvida é de bom-tom manter a compostura em algumas situações. Mas na maioria dos casos é bem mais apropriado demonstrar e dividir emoções, pois só assim conquistamos os outros para nós e para nossas ideias.

Perceber emoções é algo que pode ser treinado. Imagine o que os outros podem estar passando, ou como você se sentiria na mesma situação. Assim você terá facilidade em demonstrar empatia (cf. tb. pág. 78). Mas como definir exatamente essa arte?

No fundo é muito fácil: mostrar empatia quer dizer valorizar as outras pessoas, tolerar opiniões diferentes e refletir sempre sobre a própria atitude. Todas características que podemos aprender sem dificuldades. Algo mais difícil de adquirir, porém, é a capacidade de se colocar na pele das outras pessoas – o aspecto mais importante no que diz respeito à empatia. Mas também não é nada impossível. Para tal, o mais adequado é projetar-se nos outros.

8. Eloquência

Não é preciso saber convencer carismaticamente apenas de forma não verbal, mas também com palavras. Você deve contar com grande repertório retórico e, sobretudo, saber usá-lo. Isso significa, por exemplo, saber adequar sua linguagem da melhor forma ao público-alvo em questão. Conversando com funcionários, usamos vocabulário diferente do empregado com amigos ou especialistas. Bons exemplos dessa adaptabilidade retórica encontramos principalmente na economia de mercado. Exemplos negativos, por sua vez, são os dos políticos, que gostam de brincar com palavras que ninguém entende. Justamente os assuntos complexos devem ser explicados com o máximo de simplicidade. Praticamente ninguém sabe ao certo o que quer dizer "um fundo de saúde constituído".

9. Coerência

Ser coerente é simplesmente demonstrar harmonia na impressão geral que você deixa nos outros. Seus pensamentos, enunciados e ações devem constituir uma unidade e transmitir a mesma mensagem. Como em um quebra-cabeças, todas as suas peças devem se encaixar para formar uma imagem clara e nítida. Se houver uma peça estranha ou faltando, a imagem geral perderá seu impacto. Um resultado harmônico, por sua vez, causa a impressão de sinceridade e o faz parecer digno de credibilidade. Um comportamento coerente também exige saber agir com decisão e responsabilidade.

10. Encenação

Saber encenar e vender-se da melhor forma é necessário para todos nos dias de hoje: políticos que pedem votos, tomadores de decisões que precisam do apoio da empresa, líderes que desejam motivar seus funcionários, vendedores ou representantes que querem fechar negócio, autônomos com a intenção de convencer um contratante e qualquer um que se candidate a uma vaga. Isso não quer dizer que se deve fingir, representar um papel diferente ou tentar simular algo. É evidente que uma presença autêntica é sempre o melhor caminho para alcançar nossas metas. Mas o que fazer em situações em que nos sentimos inseguros? Ser autêntico também significaria demonstrar essa insegurança. Mas você se convenceria de uma ideia ou produto apresentado por alguém que não parece soberano? Provavelmente não. Por isso, nessas situações é aconselhável dissimular a própria insegurança, mostrando-se você mesmo, mas na sua variante mais autoconfiante. Encene uma outra versão de si próprio, apresentando assim a pessoa que você gostaria de ser nesse momento. O que há de decisivo

A unicidade

Em suas *Considerações extemporâneas,* Friedrich Nietzsche (1844-1900) afirmou:

"Cada um tem em si uma unicidade produtiva como núcleo do seu ser; quando, porém, toma consciência desta unicidade, ao seu redor surge um esplendor insólito, típico do que é extraordinário. Para a maioria isto é algo insuportável: porque [...] a tal unicidade está ligada uma cadeia de preocupações e fardos."

nisso: dessa forma você guia na direção desejada a impressão que provoca nos outros participantes. Esse gerenciamento de impressões (*impression management*), como é chamado, tornou-se nos últimos tempos parte integrante da imagem das empresas, das organizações e dos indivíduos. Ele é empregado para construir determinada imagem. Independentemente de quais esforços sejam empregados para a encenação perfeita, o decisivo é: primeiro refletir sobre o efeito desejado, e só depois encenar-se. O principal é combinar com quem você é. E, naturalmente: quanto menos você precisar encenar, maior será a impressão de credibilidade. Tendo um bom-senso corporal, autoconfiança suficiente, uma dose saudável de amor-próprio, alegria de viver, coragem e interesse real nas pessoas, você já dispõe dos melhores requisitos para uma presença positiva e um efeito carismático.

CURSO RÁPIDO DE APERTO DE MÃO

Na rotina de negócios, todo encontro começa com um cumprimento – via de regra, um aperto de mão. Parece apenas um curto instante. Mas um instante que é decisivo para a impressão mútua causada por duas pessoas. O motivo: o aperto de mão revela muito sobre a personalidade do interlocutor e o relacionamento entre ambos. Psicólogos afirmam até que o aperto de mão correto pode ser decisivo para o sucesso de um negócio.

O APERTO DE MÃO PODE TRANSMITIR OS SEGUINTES SINAIS:

› Se as duas mãos se seguram bem, com ambas **as palmas se tocando**, os interlocutores estão abertos para o contato.

› Um **aperto de mão frouxo** demonstra insegurança e baixa autoestima.

› Alguém que estende o **braço esticado** ou apenas os dedos gostaria de manter distância.

› Quem mantém os dedos estendidos **sem enlaçar a mão do interlocutor** sinaliza: "Estou presente, mas sem emoções".

› Quem deixa um **vão** entre as duas mãos ainda não quer revelar tudo sobre si.

› Um **aperto de mão frouxo** demonstra insegurança e baixa autoestima.

› Quem deixa um **vão** entre as duas mãos ainda não quer revelar tudo sobre si.

› Quando a **palma da mão vem de cima**, o gesto sinaliza dominação.

› Parece possessivo quem **segura o antebraço do cumprimentado** com a mão livre.

› Com o **gesto emocional** de pousar a mão livre por cima da mão do interlocutor, sinalizamos nossa estima.

› Já o **cumprimento com ambas as mãos** é visto como o "gesto do comerciante de usados". Com ele pretende-se criar um clima de intimidade, mas que possivelmente não é real.

Não invada o território do seu interlocutor. Em nosso ambiente cultural, isso significa: **sempre mantenha a distância de um braço!**

Deixe o interlocutor apertar sua mão primeiro, e então retribua o cumprimento com a mesma força. Com um aperto de mão firme, em posição frontal em relação ao interlocutor e com contato visual seguro, você se mostra uma pessoa autoconfiante. Cuidado: não "esmague" com o aperto de mão, pois assim poderia deixar o interlocutor inseguro – ou com alguém de natureza combativa, poderia motivá-lo a "lutar". Se for cumprimentado com um aperto de mão frouxo, dê-lhe o apoio apropriado, de modo que o seu aperto de mão seja mais firme que o do cumprimentado. E para conquistar sua confiança ainda mais rápido, também incline a cabeça levemente na lateral ao cumprimentá-lo.

CURSO RÁPIDO DE NEGOCIAÇÕES

Passamos boa parte da nossa vida profissional negociando. Além de boa preparação e uma argumentação conclusivamente estruturada, a própria linguagem corporal também é um fator decisivo para o sucesso das negociações. O motivo: só transmitindo os sinais corretos aos outros somos capazes de convencê-los de nós mesmos e dos nossos interesses.

PARA UM EFEITO SOBERANO E AUTOCONFIANTE, VALE SEGUIR AS SEGUINTES REGRAS:

› Quem entra em uma sala com **postura ereta e passos largos e enérgicos** irradia uma autoconfiança saudável.

› Um **aperto de mão firme** permite depreender uma personalidade igualmente firme e autoconfiante.

› Um **olhar amigável e aberto e contato visual direto** sinalizam interesse e revelam uma personalidade autoconfiante.

› **A postura ideal,** mantendo-nos eretos, de pernas abertas na largura dos quadris e firmes no chão, abrindo o peito e olhando para adiante – ou seja, encaixando o corpo – irradia automaticamente autoconfiança e segurança. Com ela você transmite boa "aderência ao chão" e sinaliza prontidão a ir de encontro aos

outros. Não confunda, porém, com a rígida postura de "costas eretas, peito para fora, barriga para dentro", que, por sua vez, sinaliza disciplina e pouca flexibilidade.

› Esteja atento a uma **postura sentada aberta e ativa**: Ocupe toda a cadeira em que está sentado, sem sentar-se na borda como se estivesse pronto para correr.

› Além disso, de tempos em tempos firme os braços relaxadamente nos apoios, ou caso não haja, sobre a borda da mesa, para que o seu gestual natural possa entrar em ação. Fique atento para não entrelaçar as mãos uma na outra ou afundá-las timidamente entre as pernas.

Referências

AMON, I. *Die Macht der Stimme:* Persönlichkeit durch Klang – Volumen und Dynamik. Munique: Redline.

AXTELL, R.E. *Gestures:* the do's and taboos of body language around the world. Ed. rev. e ampl. Nova York.

BERNDT, J.C. *Die stärkste Marke sind Sie selbst!* – Schärfen Sie Ihr Profil mit Human Branding. Munique: Kösel.

_____. *Die stärkste Marke sind Sie selbst!* – Das Human Branding Praxisbuch. Munique: Kösel.

BONNEAU, E. *300 Fragen zum guten Benehmen.* Munique: Gräfe und Unzer.

_____. *Knigge für Individualisten* – Für alle, die sich nicht verbiegen wollen. Munique: Gräfe und Unzer.

GIVENS, D. *Die Macht der Körpersprache* – Menschen lessen im Beruf. Munique: Redline.

GSCHAIDER, R. & SHIRLEY, S. *Charisma* – Wie Sie mit mehr Ausdruck Eindruck machen. Munique: Gräfe und Unzer.

HOFSTEDE, G. & HOFSTEDE, G.J. *Lokales Denken, globales Handeln* – Interkulturelle Zusammenarbeit und globales Management. Munique: DTV.

KINSEY GOMAN, C. *The Silent language of Leaders* – How body language can help – or Hurt – How You Lead. Indianápolis: Jossey-Bass.

KUMBIER, D. & SCHULZ VON THUN, F. *Interkulturelle Kommunikation* – Methoden, Modelle, Beispiele. Reinbek: Rororo.

LUTTER JOHANN, M. *Kultur Schock Japan.* Bielefeld: Rump.

MATSCHNIG, M. *O corpo fala no amor*: ilustrado. Petrópolis: Vozes, 2014.

_____. *O corpo fala:* ilustrado – Gestos reveladores e sinais eficazes. Petrópolis: Vozes, 2013.

MOLCHO, S. *Alles über Körpersprache* – Sich selbst und andere besser verstehen. Munique: Mosaik.

NAVARRO, J. & KARLINS, M. *Menschen lessen* – Ein FBI-Agent erklärt, wie man Körpersprache entschlüsselt. Munique: MVG.

NING, Y. *The Chinese Heart in a Cognitive Perspective:* culture, body and language. Berlim: De Gruyter.

REIMAN, T. *The Power of Body Language:* how to succeed in every business and social encounter. Mendocino: Gallery Books.

RÜCKLE, H. *Körpersprache im Verkauf.* Munique: Redline.

SEUL, S. *Zeitmanagement für Faule.* Munique: Gräfe und Unzer.

SPIES, S. *Der Gedanke lenkt den Körper* – Körpersprache – Erfolgsstrategien eines Regisseurs. Hamburgo: Hoffmann und Campe.

STRITTMATTER, K. *Gebrauchsanweisung für China.* Munique: Piper.

TOPF, C. *Linguagem corporal para mulheres*: apresentação segura e autoconfiante. Petrópolis: Vozes, 2015.

Índice remissivo

Ajuda
    pedido não verbal de 87
Aplauso 150, 154s.
Apresentação 142, 146, 150s., 154-157, 186, 189
Atenção 37, 51, 73, 92, 107, 128, 143, 145, 151, 161, 163, 175, 183, 187s.
Autenticidade 14, 50, 73, 98
Autoapaziguamento 35, 88
Autocontrole 134

Candidatar-se 38, 41-43
Carisma 78, 113, 116, 185
Carreira 92, 99, 107, 116s., 171
Chance
    segunda 115
Coerência 105, 186, 190
Colaboração 67s., 73, 178s., 184
Compaixão 78, 187
    Cf. tb. Empatia
Comparação 18, 186
Comunicação 13s., 50, 66s., 78-80, 100, 105, 118, 127, 162, 173
Conflito 69, 71, 73, 87, 92, 136
Constrangimento
    gestos de 22, 35, 57, 75, 95
Contato corporal 110, 123, 184
Contexto 19s., 180
Cooperação internacional 119, 122
Culturas 118-121
Cumprimento 44-48, 92, 123, 144, 184

Desempenho 44, 150, 158, 169
Discurso 156, 158
    Cf. tb. Palestra
Dissimulação
    manobras de 132

Distância
    hierárquica 121s.
    zona de 46, 48, 70, 78s., 92, 109, 112, 126s.
Dresscode 59-61, 102s., 183

Efeito 13, 15, 30, 43, 50, 54, 58, 69, 98, 167-169, 173, 186
    da outra raça (*cross-race-effect*) 134
Emoção 20, 22, 30s., 50, 83, 133-137, 167-169, 190
Emoções
    atlas internacional das 135
Empatia 77s., 100, 178s., 186, 190
Encenar 186, 191
Energia 37, 143, 154s., 175
Entrevista de emprego 39, 43s., 52, 57, 59
Equipe
    trabalho em 75, 178
Erro 17, 143, 157
Estima 73, 184
Estimulante natural 151
Estímulos-chave 161
Expressão facial 19s., 22, 28-30, 42-44, 50-57, 68, 73, 92-94, 100s., 133s., 143, 145, 150, 156, 162s., 171, 173, 184

Foto profissional 62s.

Gestos 18s., 30, 34, 42s., 46, 50, 54s., 57, 70s., 79, 82, 89, 92s., 95, 100, 111, 113, 128, 131, 144, 182
    de menina 57
Good vibrations (boas vibrações) 180

Harmonia/concordância 105, 183

Hierarquia 67, 100, 121s.

Imagem geral 115, 190
Impressão
    primeira 48, 115
Índice
    valor de 121s.
Insegurança 21, 34, 41, 48, 60, 80, 88s., 189, 191

Julgamento/juízo 17, 44, 115s., 172

Líder 166-171
Linguagem corporal
    internacional 173-177
    tipicamente feminina 95-98
    tipicamente masculina 92-95
Lugar; cf. sentado, lugar

Mal-entendidos 17, 31, 71, 102, 131, 133
Mão
    aperto de 44-46, 93, 95, 109, 123, 126
    gesto de 54, 69, 113, 149, 188
Marca 167, 169-172
Medo 24, 133, 151, 190
    de holofotes 150, 151-156
Mensagem 14, 42, 128-131, 158
Metade incontrolável do corpo 31
Microexpressões 21-26
Mídias sociais 117

Nervosismo 16, 21, 28, 39, 87, 113, 152
Networking
    etiqueta do 108-110
    rede de contatos 105, 108, 111, 116, 121, 170s.

Olhar
    contato visual 43, 51s., 54, 74, 80, 94, 112, 139, 145, 189
    momento 51, 115, 138s., 189

Palestra 143s., 146, 156
Pensamentos 14s., 17, 22, 43, 139, 163
Percepção 22, 39, 133, 180
Pernas cruzadas 35, 132
Posição de machão 34, 60
Postura corporal 13-16, 18s., 21, 30, 34, 40-42, 47s., 58, 68, 75, 79, 83, 92s., 97, 99, 101, 109, 113, 162s., 175, 187
PowerPoint 18, 159
Presença 43s., 96s., 119, 135, 143-145, 161, 163, 168, 186, 189
Proteção
    postura de 90s., 95
Pupilas 28

Reconhecimento 73, 100, 150, 183, 187
Recursos de carisma 186-191
Regras 45, 55, 70-72, 96, 120
Repertório básico 18-20, 35
Retórica 145, 169, 171
Reunião 19s., 73-75, 78, 150, 168, 173, 176, 184, 189
Reveladores
atributos 163
Riso/sorriso 15, 20, 29, 57, 63, 113, 162s., 175, 188
Ritual 99, 123, 126, 136, 143, 152
Rosto 22, 31, 55, 57, 162s., 173

Sentado(a)
    lugar/disposição/posição 52, 54, 85, 176, 178
Sentimentos 15s., 22, 29s., 37, 50, 83, 146, 168, 179, 190

Silêncio 99, 111, 144s.
Simpatia 44, 50, 54, 69, 98, 111s., 162
Sinais 13, 15, 20s., 30, 41-43, 48, 75, 83, 85, 87, 93, 95, 99, 127
Sinceridade 50, 73, 191
Smalltalk (conversa casual) 111-114, 116
Sorriso social 173
Sucesso 13, 44, 60, 143s., 153, 160-162, 164, 169

Treino gestual 165
Três passos
    regra dos 30
Tribuna/púlpito 145, 149, 167

Vendas
    diálogos de 161-163
Vestuário 59s., 62, 102s., 183
Voz 29, 37, 42, 44, 58-60, 95-97, 116, 145, 154, 156, 171, 183

CULTURAL
Administração
Antropologia
Biografias
Comunicação
Dinâmicas e Jogos
Ecologia e Meio Ambiente
Educação e Pedagogia
Filosofia
História
Letras e Literatura
Obras de referência
Política
Psicologia
Saúde e Nutrição
Serviço Social e Trabalho
Sociologia

CATEQUÉTICO PASTORAL
Catequese
Geral
Crisma
Primeira Eucaristia

Pastoral
Geral
Sacramental
Familiar
Social
Ensino Religioso Escolar

TEOLÓGICO ESPIRITUAL
Biografias
Devocionários
Espiritualidade e Mística
Espiritualidade Mariana
Franciscanismo
Autoconhecimento
Liturgia
Obras de referência
Sagrada Escritura e Livros Apócrifos

Teologia
Bíblica
Histórica
Prática
Sistemática

REVISTAS
Concilium
Estudos Bíblicos
Grande Sinal
REB (Revista Eclesiástica Brasileira)
SEDOC (Serviço de Documentação)

VOZES NOBILIS
Uma linha editorial especial, com importantes autores, alto valor agregado e qualidade superior.

VOZES DE BOLSO
Obras clássicas de Ciências Humanas em formato de bolso.

PRODUTOS SAZONAIS
Folhinha do Sagrado Coração de Jesus
Calendário de mesa do Sagrado Coração de Jesus
Agenda do Sagrado Coração de Jesus
Almanaque Santo Antônio
Agendinha
Diário Vozes
Meditações para o dia a dia
Encontro diário com Deus
Guia Litúrgico

CADASTRE-SE
www.vozes.com.br

EDITORA VOZES LTDA.
Rua Frei Luís, 100 – Centro – Cep 25689-900 – Petrópolis, RJ
Tel.: (24) 2233-9000 – Fax: (24) 2231-4676 – E-mail: vendas@vozes.com.br

UNIDADES NO BRASIL: Belo Horizonte, MG – Brasília, DF – Campinas, SP – Cuiabá, MT
Curitiba, PR – Florianópolis, SC – Fortaleza, CE – Goiânia, GO – Juiz de Fora, MG
Manaus, AM – Petrópolis, RJ – Porto Alegre, RS – Recife, PE – Rio de Janeiro, RJ
Salvador, BA – São Paulo, SP